MOEWIG
HOROSKOP

Dein Erfolgshoroskop

Krebs

22. Juni - 22. Juli

MOEWIG

MOEWIG Band Nr. 7004
Verlagsunion Erich Pabel-Arthur Moewig KG, Rastatt

Umschlagentwurf und -gestaltung: Franz Wöllzenmüller, München
Auslieferung in Österreich:
Pressegroßvertrieb Salzburg Gesellschaft m.b.H.,
Niederalm 300, A-5081 Anif
Printed in Germany 1990
Druck und Bindung: Ebner Ulm
ISBN 3-8118-7004-1

Aus dem Inhalt

Einleitung

Seit Menschengedenken hat die Astrologie, die Deutung der Sterne in unserer Vorstellungswelt einen großen und wichtigen Raum eingenommen. Schon immer wollten wir wissen: Was bringt uns die Zukunft? Was kommt auf uns zu? Wie müssen wir uns verhalten, um unserem Schicksal begegnen zu können, um es zu meistern?

Wichtig sind uns aber auch die Fragen: Wer sind wir? Wer sind die Menschen, die uns umgeben? Wie erkennen wir sie? Wie können wir etwas über ihren Charakter aussagen? Auch wenn es auf die Vielzahl dieser Fragen keine allgemein gültigen Antworten geben kann, keine Schablonen, in die man Menschen hineinpressen darf, so ist die Astrologie, wissenschaftlich und seriös betrieben, doch ein seit Jahrtausenden bewährtes Mittel, gemeinsame Wesenszüge und Charaktereigenschaften jener Menschen zu erkennen, die unter dem gleichen Sternzeichen geboren wurden.

Daß das Interesse an der Astrologie gerade heute wieder sehr gewachsen ist und daß diese Wissenschaft einen so breiten Raum einnimmt, ist kein Zufall.

Nie zuvor war die Zeit schnellebiger, hektischer, anfordernder. Nie zuvor wurde uns mehr abverlangt. Nie zuvor waren Streß und Leistungsdruck ausgeprägter als in unserem Jahrhundert. Schon in Schulen, schon in Kindergärten werden von uns Fähigkeiten erwartet, müssen wir unseren „Mann“ stehen.

Das können wir um so besser, je mehr wir über uns selbst und unsere Mitmenschen aussagen können.

Erfolgreich ist in unserer leistungsbetonten Gesellschaft nur der, der seine eigenen Wesenszüge erkennt und somit richtig einsetzen kann. Erfolgreich ist darüber hinaus der, der auch seine Mitmenschen und deren Talente richtig einschätzen kann. Kurz: erfolgreich ist, wer die wesentlichen Merkmale astrologischen Wissens begriffen hat und deuten kann.

Der vorliegende Band soll Ihnen, dem unter dem Zeichen des Krebses Geborenen, einen Schlüssel in die Hand geben, der es Ihnen erlaubt, die Astrologie in den Dienst Ihres ganz persönlichen Erfolges und Lebensglücks zu stellen.

Der Krebs und sein privates Glück

Lernen Sie sich kennen und verstehen

Das unverwechselbare Porträt der Krebs-Frau

Ein einfaches Wesen ist sie nicht, die Krebs-Frau. Hin und her gerissen zwischen ihren zahlreichen Stimmungsschwankungen, weiß sie oft selbst nicht so genau, wann sie gerade in einer depressiven Phase ist, warum sie so unglücklich ist. Andererseits – und das gleicht die Depressivität schnell wieder aus – ist sie eine warme, herzliche, hilfsbereite Person, die man einfach gernhaben muß. Sie ist rührend besorgt um andere und gerät schon früh unter die Fittiche eines wohlmeinenden Mannes, dem sie ein gemütliches Heim bietet. Auch ist sie eine treusorgende, geduldige Mutter.

Es kann der weichherzigen Krebs-Dame, die über wenig Durchsetzungsvermögen verfügt, jedoch passieren, daß sie weidlich ausgenutzt wird. Man appelliert an ihr Mitgefühl, an ihre Hilfsbereitschaft, und schon hat man diese Frau in der Hand. Buchstäblich ihr letztes Hemd würde sie hergeben, wenn sie glaubt, damit anderen helfen zu können.

Die Krebs-Dame wird aufgrund ihres Naturells zwar recht häufig verletzt, trägt aber meistens keine dauerhaften Narben davon. Der Grund dafür: Sie verfügt über einen ausgesprochenen Phantasiereichtum, der es ihr ermöglicht, sich gewissermaßen einzuigeln. Wenn ihre Umwelt nicht hundertprozentig in Ordnung ist, verstrickt sie sich dermaßen intensiv in ihr undurchdringliches Wunschdenken, daß sie sich weismachen kann, es sei doch schon wieder alles in Ordnung. Das ist für sie eine Art Pufferzone. So manche Unannehmlichkeiten des Lebens und des Alltags läßt sie gar nicht an sich herankommen.

Woran man eine Krebs-Geborene noch erkennt? Sie produziert sich gern. Sie kann zwar durchaus einmal im Hintergrund stehen und dem Mann die Führungsrolle überlassen, aber wenn ihr die Bühne überantwortet wird, dann ist sie auch nicht schlecht. Sie zeigt sich von ihrer sympathischsten Seite. Sie kann dann kapriziös und eine echte Eva sein. Auch als komplizierte Circe, die nie so recht weiß, was sie will, liefert sie eine überzeugende Darstellung.

Was auch immer die unter diesem Sternzeichen geborene Dame macht – zürnen kann man ihr nicht. Sie lebt so hundertprozentig dem Gefühl, daß – zumindest aus ihrer Sicht – alles, was sie tut, immer richtig ist. Der Wille zumindest war positiv.

Gemütvoll sind die Krebs-Geborenen, weich und verträumt. Sehr häufig zeigt sich diese Seite des Charakters bereits im Äußeren: Das zartgerundete Gesicht mit den manchmal etwas verschwommenen Zügen, der eher zierliche Knochenbau und darüber hinaus nicht selten die Neigung, im Laufe der Jahre ein paar Rundungen am rechten Fleck zuzulegen. Letzteres hängt allerdings auch mit dem Hang zum bequemen Leben zusammen, der bei Krebs-Geborenen ganz besonders ausgeprägt ist.

Das unverwechselbare Porträt des Krebs Mannes

Auch er ist launisch wie seine weibliche Sternzeichen-Genossin. Ständig hat er mit seinen Emotionen zu kämpfen und verfügt ebenfalls über eine lebhafte Phantasie. Er ist kein Mann, der über Leichen geht oder die allergrößte Energie entfaltet, wenn es gilt, ein Ziel zu erreichen. Vielmehr findet man unter den männlichen Vertretern dieses Tierkreiszeichens häufig ängstliche Typen, die sich nicht so recht festlegen können und die auch im beruflichen Bereich schwankend sind.

Häuslich sind nahezu alle Krebs-Geborenen. Wenn sie ihre eigenen vier Wände bezogen und eine Familie gegründet haben, fühlen sie sich in ihrem Element. Sie sind keineswegs so unruhig wie beispielsweise die Zwillinge-Geborenen, die immer wieder nach Veränderungen trachten. Vielmehr ruhen sie im Schoß der Familie, legen dort einen Teil ihrer angeborenen Ängstlichkeit ab und finden zu sich selbst. Sie sind Männer, die im allgemeinen recht früh in festen Händen sind. Geduldig sind die Krebs-

Geborenen mit ihrer Partnerin und auch mit ihren Kindern. Im beruflichen Bereich sorgen sie für ein verträgliches Betriebsklima, weil ihnen Auseinandersetzungen verhaßt sind.

Sie behüten, beschützen und bewahren gern all das, was ihnen anvertraut wurde und für das sie sich verantwortlich fühlen. Scheidungen kommen bei den Krebs-Geborenen ausgesprochen selten vor. Sie suchen ihre Sicherheit, die sie unter anderem auch in einer intakten Ehe sehen.

Empfindsam sind sie in außergewöhnlichem Maße. Ein einziges falsches Wort, schon hat man sie zutiefst verletzt. Ein dickes Fell jedenfalls haben sie nicht. Auch ihr Ego ist sehr leicht verletzlich. Sagt man ihnen nicht täglich mindestens einmal, daß sie großartig sind, dann zweifeln sie leicht an sich selbst. Aus diesen Zweifeln heraus kann sich dann bei ihnen, ähnlich wie auch bei den weiblichen Krebsen, sofort eine depressive Phase entwickeln. Den Krebs-Vertreter daraus wieder herauszulocken, ist nicht immer ganz einfach. Er ist nämlich stark auf sich selbst bezogen, bis zu einem gewissen Sinn sogar Egozentriker, auch wenn das nicht heißt, daß er nur an sein eigenes Wohl und Weh denkt.

Er verfügt über einen ausgeprägten Sinn für Humor, der seine trüben Phasen bald wieder ausgleicht. Außerdem kann er ausgesprochen sentimental sein und muß darüber hinaus zu den romantischen Träumern gerechnet werden.

Mit den Sternen durch die Kindheit

Daß Sie ein Krebs-Baby bekommen haben, dürfte Ihnen schon in den ersten Tagen bewußt werden. So oft, wie Sie die Hemdchen und Höschen des Neugeborenen wechseln, so oft wechselt es seine Launen. Aber an diesem Kind werden Sie in vielfacher Beziehung Ihre Freude haben. Das Krebslein läßt sich von praktisch allem, was Sie ihm bieten, faszinieren. Ein buntes Bild, das Sie in Augenhöhe aufhängen, ein Mobile über seinem Bettchen oder eine besonders leckere Nachspeise, das sind Dinge, an die sich Ihr Junge oder Ihr Mädchen auch noch als Erwachsene erinnern werden.

Von morgens bis abends registriert der wache, aufmerksame Verstand des Krebs-Kindes alles, was in seiner Umgebung geschieht. Als Erwachsener steht man mitunter hilflos daneben, wenn dieses im Mondzeichen geborene Kind seinen Phantasieträumen nachhängt und Bilder zeichnet, mit denen man selber nichts anfangen kann. Seine Vorstellungskraft ist ähnlich wie sein frühes Gefühlsleben reich, bunt und außerordentlich lebendig. Aber gerade weil der Krebs-Geborene sich so sehr von der Wirklichkeit entfernt, wird er auch leicht zum Außenseiter. Er steht allein, wenn er interpretieren soll, was er sich gerade vorstellt. Kaum ein Vertreter eines anderen Sternzeichens vermag ihm zu folgen.

Lebhaft und auffallend sind auch Mimik und Gestik der Krebs-Kinder. Sie gehören zu jenen Jungen und Mädchen, die „mit Händen und Füßen sprechen". Ihre Augen sind lebhaft und ausdrucksstark. Häufig sieht man ihnen an, daß sie wieder einmal mit ihren Gedanken ganz weit weg sind.

Anders als alle anderen Kinder, die unter unterschiedlichen

Sternzeichen geboren wurden, sind die Krebs-Jungen und -Mädchen intensiv von den Erfahrungen während ihrer ersten Lebensjahre geprägt. Von ihren ersten Lebenstagen bis zur Pubertät werden sie geformt von den Reaktionen ihrer Eltern und Geschwister. Es kann durchaus sein, daß ein Krebs-Kind einfach Hemmungen hat, einfach zu sagen, was es will. Diese Kinder brauchen tägliche Bestätigung, mehr Zuwendung und ein Höchstmaß an Zärtlichkeit. Sie möchten bewundert und geliebt werden. Wenn ihnen diese Bedürfnisse von Eltern, Geschwistern, Freunden und Verwandten sowie von ihren Spielgefährten vorenthalten werden, kann sie das für ihr Leben prägen. Sie sind dann nicht mehr in der Lage, jene Selbstsicherheit und jenes Selbstwertgefühl zu entwikkeln, das sie brauchen, um mit ihrer späteren Umgebung fertigzuwerden.

Stimmt die Umgebung aber einigermaßen, sind gerade Krebse angenehme und liebenswerte Kinder, die sich recht leicht erziehen lassen. Natürlich verwandeln auch sie sich während der Pubertät vorübergehend in Rebellen, aber im allgemeinen lassen sie sich leicht lenken und haben so etwas wie angeborene Disziplin. Sie verfügen über die seltene Gabe, sich stundenlang mit sich selbst zu beschäftigen und ganz in ihr Spiel zu vertiefen. Und noch etwas mag auffallen: Nicht selten schaffen sich Krebs-Kinder einen imaginären Freund oder eine imaginäre Freundin an. Sie geben diesem Fabelwesen dann irgendwelche Namen und können über Monate so tun, als wäre dieser erfundene Spielgefährte ständig an ihrer Seite. Diese Begleiter haben durchaus ihre Bedeutung: Die kleinen Krebse sind zwar leicht zu lenken und alles andere als schwierig, aber sie sind keine Kinder, die sich bedingungslos einer Gruppe fügen. Viel lieber sind sie selber die Führer. Gelingt es ihnen in der eigenen Spielgruppe nicht, die begehrte Position einzunehmen, dann wenden sie sich an die erfundenen Spielgefährten, bei denen sie unumschränkt herrschen können.

Die meisten Krebs-Kinder sind dank ihrer liebenswürdigen Art ein wenig verwöhnt. Wenn sie das, was sie begehren, nicht erhalten, können sie wahre Sturzbäche von Tränen vergießen, die man nicht zu ernst nehmen sollte.

Durchaus respektieren sollte man dagegen die vielen Ängste, die in dem Krebs-Kind wohnen: Angst vor der Dunkelheit, vor dem Zubettgehen, vor Geistern, mit denen man auf gar keinen Fall

Krebs-Männer sind gute Kinderärzte

drohen darf. Man sollte sich intensiv mit dem Kind beschäftigen. Bevor man es abends allein läßt, sollte man sich vergewissern, daß es seine Ängste überwunden hat. Mit Strenge zu versuchen, aus dem Jungen oder Mädchen eine starke Natur zu machen, wäre grundfalsch.

Amüsant und beglückend für ihre Eltern sind die Kinder meistens, wenn sie das Schulalter erreicht haben. Sie passen sich einigermaßen an, erledigen ihre Schularbeiten willig, wenngleich nicht zu konzentriert und bringen im allgemeinen gute Noten mit nach Hause. Ihre entzückten Eltern beglücken sie dadurch, daß sie wunderschöne Bilder malen, in einem frühen Alter schon beginnen, Gedichte zu schreiben oder sich sonst musisch zu engagieren.

Gerade die musische Ader muß vom Elternhaus gefördert werden. Früher Klavier- oder Gitarrenunterricht wären zum Beispiel ein Weg, die mit großer Wahrscheinlichkeit in dem Krebs-Kind schlummernden musikalischen Talente zu wecken. Auch Ballettunterricht für die kleinen Krebs-Damen oder Fechtstunden für die Krebs-Jungen sind gute Möglichkeiten.

Eine Schwierigkeit ergibt sich fast immer bei der Erziehung der Krebs-Geborenen: Sie brauchen zwar auffallend viel Zuwendung und Verständnis, werden aber dennoch nicht ausreichend auf ihr Leben als Erwachsene vorbereitet. Ihnen kann es also durchaus passieren, daß sie – aus einem wohlbehüteten Heim entlassen – mit der rauhen Wirklichkeit nicht fertig werden. Diesen typischen Krebs-Schock erleben sie, wenn sie die Schule oder die Ausbildung beendet haben und nun plötzlich auf eigenen Füßen stehen müssen. Im allgemeinen sollte die harmonische Kindheit ihnen genug innere Stärke vermittelt haben, um mit den Realitäten doch wieder fertigzuwerden.

Eine weitere Fähigkeit ist in fast allen Krebs-Geborenen vorhanden: das Talent, historische Zusammenhänge schnell zu begreifen und für immer zu behalten.

Übrigens können kleine Krebse dafür sorgen, daß sie, ähnlich wie Waage-Kinder, die monatlichen Ausgaben für Nahrungsmittel in die Höhe treiben. Sie haben einen ungewöhnlichen Appetit, erkennen schon sehr früh, was gut und teuer ist und ihnen somit gut schmeckt.

Früh zeigt sich bei den unter diesem Sternzeichen Geborenen das Talent, eigenes Geld zu verdienen. Zehn- bis Zwölfjährige

Krebse zeichnen und malen gut

werden versuchen, einen Job als Zeitungsausträger zu bekommen, und schon davor wird man versuchen, durch kleine Hilfsleistungen und Handreichungen ein paar Groschen zu verdienen. Einen ausgeprägten Sinn für alles Geschäftliche muß man ganz einfach voraussetzen.

Ewiges Eheglück mit einer Krebs-Frau

Denken Sie als Partner einer Krebs-Geborenen daran, daß Ihre Frau vom Mond beherrscht wird und somit ständig wechselnden Phasen unterliegt. Ihr Wunsch, sich öfter mal zu verwandeln und ihre Umwelt gleich mit, wird Ihr gemeinsames Leben mit Sicherheit beeinflussen. Sie, der Mann, mögen vielleicht damit zufrieden sein, ein Leben lang in der gleichen Umgebung und in der gleichen beruflichen Situation zu verharren. Seien Sie sicher: Ihre Krebs-Gefährtin hat andere Pläne. Eine statische Umgebung macht sie ruhelos und unzufrieden, denn ihrem Naturell entspricht es, alle drei bis vier Jahre umzuziehen und womöglich noch einmal ganz von vorn zu beginnen.

In kleinerem Rahmen ist das für Sie durchaus interessant. Sie werden beispielsweise selten über längere Zeit hinweg Dinge am gewohnten Platz vorfinden. Immer wieder wird es Ihrer Gefährtin gelingen, durch wenige Umstellarbeiten, neue Farbtupfer, ein paar modische Akzente, der Wohnung ein neues Aussehen, eine neue Atmosphäre zu geben. Das müssen Sie einfach akzeptieren. Sollten Sie versuchen, ihr dreinzureden, wird sie unzufrieden – und Sie sind der Leidtragende. Auch das Alleinsein kann Ihre Gefährtin nicht ertragen. Sie wird das Haus beleben mit Freundinnen und Verwandten, mit Bekannten, ja mit Leuten, die sie erst ein einziges Mal gesehen hat. Sie ist eine gute, eine charmante Gastgeberin, die alles gibt, um es ihren Gästen gemütlich zu machen. Spielen Sie nach Möglichkeit mit. Wenn Sie sich in dieser Situation zum Außenseiter machen, verletzen Sie Ihre sensible, empfindsame Krebs-Frau zutiefst.

Der ständige Wunsch nach Veränderungen äußert sich natürlich

Krebs-Damen lieben eine weiße Hochzeit

auch in einer beweglichen Denkweise. Zum Glück hat sie eine ausgeprägt soziale Ader, so daß diese innere Unruhe in durchaus positive Kanäle gelenkt werden kann.

Sie ist der Typ, einem Verein zur Förderung vernachlässigter Kinder vorzustehen, um sich um die Senioren in ihrem Viertel zu kümmern oder freiwillig im Schulbetrieb mitzuhelfen. Als ihr Partner sollten Sie wissen, daß sie auch versuchen wird, sich in Ihre beruflichen Belange einzumischen. Lassen Sie sie gewähren, aber nehmen Sie die Ratschläge, die von ihr kommen, nicht allzu ernst. Zwar geht es um Ihr gemeinsames Glück, da aber die Krebs-Geborene sich leicht vertun kann, wenn es um den Überblick einer geschäftlichen Transaktion geht, könnte sie Sie mitunter sogar ruinieren. Sie urteilt nämlich mehr nach dem Herzen als mit dem Verstand. Als Geschäftsmann dürften Sie wissen, daß es im Beruf in erster Linie auf den Kopf ankommt.

Die Krebs-Dame arbeitet für ein außerordentlich gemütliches Heim. Ihr macht das Spaß. Sie wirkt gern in ihrem Haus, will dafür aber die Bewunderung und den Dank ihrer Lieben. Sparen Sie also nicht mit Komplimenten und Lob, wenn Sie merken, daß sie wieder etwas getan hat, um Ihr Zuhause zu verschönern. Einfach und bequem ist diese Partnerin nicht. Sie kann sich sehr schnell langweilen, wenn ihr die Möglichkeit genommen ist, immer etwas Neues zu unternehmen. Dann ist es beinahe unmöglich, sie zu trösten. Ein Abend im Theater, eine kurze Reise oder ein sinnvolles Geschenk stimmt sie gnädig. Aber ein paar liebe Worte dürfen nicht fehlen.

Auch sollten Sie wissen, daß die Krebs-Geborene dazu neigt, sich mit Leuten zu umgeben, die Ihnen vielleicht nicht liegen. Lassen Sie sie gewähren. Reden Sie ihr nicht dazwischen. Zwingen Sie sie nicht, diese Freundschaften zu kündigen. Sie wird es nach einiger Zeit selbst tun, wenn sie erkannt hat, daß diese Menschen ohnehin nicht zu ihr passen.

Eine weitere Krisenklippe können Sie umfahren, wenn Sie sich verdeutlichen, daß Ihre Partnerin sehr eng an ihr Elternhaus gebunden ist. Sie wird nichts auf ihre Eltern kommen lassen, dafür aber durchaus hin und wieder ein negatives Wort über ihre Schwiegereltern verlieren. Auch das sollten Sie versuchen zu schlucken. Ihre Partnerin kann in dieser Beziehung kaum über ihren Schatten springen. Ihre Kindheit war so intensiv von Vater und Mutter geprägt, daß sie sich im allgemeinen erst sehr spät – wenn überhaupt – abnabelt. Freilich gibt es Grenzen, und wenn die immer wieder verletzt werden, dann müssen Sie Ihrer Krebs-Dame gegenüber auch einmal ganz entschieden auftreten. Eine lebenslange Harmonie läßt sich nämlich nicht herstellen, wenn das Elternhaus des einen Partners nicht akzeptiert wird.

Alles in allem braucht die Krebs-Dame neben viel Zuwendung und Aufmerksamkeit auch sehr viele Streicheleinheiten. Sie muß öfter die Bestätigung erhalten, in Ihrem Leben den wichtigsten Platz einzunehmen – auch noch nach zwanzig, dreißig Jahren. Sie sollten Ihre Kinder dahingehend beeinflussen, daß sie ihre Mutter als Mittelpunkt des Familienlebens akzeptieren und von dieser Tatsache nicht erst zum Muttertag Kenntnis nehmen.

Und schließlich sollten Sie bedenken, daß die Krebs-Frau eine aktive Persönlichkeit ist, die sich nicht auf Dauer mit eintöniger Beschäftigung zufrieden gibt. Legen Sie ihr keine Steine in den Weg, wenn sie beschließt, wieder halbtags oder sogar ganztags berufstätig zu sein, sobald die Kinder für sich selber sorgen können. Meistens wird sie, wenn sie wieder mehr gefordert wird, aufblühen, und die daraus kommende Harmonie dürfte sich auf das gesamte Familienleben übertragen.

Krebs-Frauen brauchen Männer, die in Notfällen erreichbar sind

Ewiges Eheglück mit einem Krebs-Mann

Wenn Sie die Partnerin eines Krebs-Mannes sind und möchten, daß Ihre Ehe Bestand hat und glücklich bleibt, dann gibt es eine ganze Reihe von Dingen, die Sie wissen und beachten müssen. In erster Linie müssen Sie Ihren Partner kennen. Der Krebs-Mann ist eine merkwürdige Mischung aus dem Bedürfnis nach System, nach einem geordneten und geregelten Dasein, und der Neigung, den Dingen ihren Lauf zu lassen. Das müssen Sie wohl oder übel akzeptieren, denn ändern können Sie ihn in dieser Beziehung nicht.

Er ist von Natur aus konservativ und in finanziellen Dingen außerordentlich vorsichtig. Erwarten Sie also von ihm auch keine besonders teuren Geschenke, keine großartigen Überraschungen. Die wird er Ihnen, solange er sich das nicht hundertprozentig leisten kann, mit Sicherheit vorenthalten. Auch wird er von Ihnen verlangen, daß Sie Ihre Ausgaben sehr genau kontrollieren und daß Sie extravagante Anschaffungen auf alle Fälle vermeiden.

Ein Geizhals ist Ihr Krebs-Mann dennoch nicht. Er ist durchaus bereit, am gemeinsamen Zuhause mitzuarbeiten, dafür Geld auszugeben und die notwendigen Anschaffungen zu machen; wie gesagt, nur die notwendigen und solche, die innerhalb des festgesetzten Budgets liegen.

Einen riesigen Gefallen können Sie Ihrem Partner erweisen, wenn Sie Ihren Haushalt und Ihr persönliches Leben ordentlich und systematisch führen. Er liebt die kleinen Notizzettel, den Geburtstagskalender, das Ausgabenbuch und einen Block für Einladungen. Das alles kommt seinem Hunger nach Methodik und System sehr entgegen.

Wenn Sie vermeiden wollen, daß es zu einem ganz erheblichen Krach mit Ihrem Krebs-Partner kommt, dann dürfen Sie sich nie in Schulden stürzen. Auch dürfen Sie ihn nie zwingen, irgendeine Anschaffung zu machen, die er für unklug oder für überflüssig hält. Bleiben Sie also immer kooperativ, wenn es darum geht, die finanziellen Dinge zu besprechen.

Um Ihres eigenen Glücks willen sollten Sie es mit der ehelichen Treue sehr genau nehmen. Sie können nämlich auch versichert sein, daß Ihr Krebs-Partner Sie mit großer Wahrscheinlichkeit nicht betrügen wird. In erster Linie würde das seinem Naturell widersprechen, in zweiter Linie hält ihn seine Arbeit dermaßen auf Trab, daß er kaum Zeit hat, sich nach anderen Frauen umzudrehen. Sollte es ihm dennoch passieren, daß er sich einmal in ein anderes weibliches Wesen verguckt, dann können Sie fest darauf bauen, daß er diese Tatsache mit Ihnen besprechen wird. Heimlich, hinter Ihrem Rücken wird er sich wohl kaum mit einer anderen Frau treffen. Nur ausgesprochen selten kommt es vor, daß ein Krebs-Mann eine Scheidung anstrebt. Ihnen, seiner Partnerin, wird er eine endgültige Trennung nur dann zubilligen, wenn er hundertprozentig davon überzeugt ist, daß Sie in einer neuen Bindung glücklicher sein würden. Kommt es zu einer Scheidung, dann sind Krebs-Männer einigermaßen vernünftig und recht großzügig bei der Teilung des ehelichen Zugewinns.

Alles in allem ist der Krebs-Mann ein sehr liebevoller, überzeugter Ehemann, der seine Familie gut versorgt. Ihnen ist er sehr dankbar, wenn Sie zärtlich zu ihm sind, wenn Sie ihm immer wieder bestätigen, daß er in Ihren Augen der Größte ist und wenn Sie sich besonders um sein Wohlergehen bemühen. Gemütlich hat er es gern, bequem und leicht. Er weiß es zu schätzen, wenn Sie ihn verwöhnen. Das gilt übrigens auch für seinen Gaumen. Bringen Sie ihm gutes Essen auf den Tisch, dann haben Sie bei ihm gewonnen.

Sie sollten aber auch wissen, daß Ihr Krebs-Partner sein Privatleben braucht. Er ist ein Mensch, der manchmal allein sein muß. Günstig für Ihre Ehe wäre es, wenn er sein eigenes Arbeitszimmer hätte oder doch zumindest eine Ecke, in der er ungestört mit sich allein sein kann.

Vermeiden Sie den Fehler, ihm in seine geschäftlichen Angelegenheiten hineinzureden. Er ist zwar dankbar, wenn Sie sich dafür interessieren, lehnt aber im allgemeinen Ratschläge ab. Außerdem kommt hinzu, daß er in finanzieller Beziehung wie auch in seinen beruflichen Belangen oft selbst am besten weiß, wo es langgeht.

Dauerhaftes Eheglück mit einem Krebs-Mann erreichen Sie am besten, wenn Sie diesem Sternzeichen-Vertreter den Vortritt lassen, ihn verwöhnen, ausgesprochen weiblich bleiben und schließlich dafür sorgen, daß er und sein Ego regelmäßig gestreichelt werden.

Das Intimhoroskop der Krebs-Eva

Zehn goldene Regeln, die Sie beachten sollten, wenn Sie auf Männerfang gehen

Regel Nr. 1: Sie sind eine Frau, die für alles ihre eigenen Maßstäbe und Richtlinien hat. Trotzdem sollten Sie dem Mann an Ihrer Seite die Chance geben, Ihnen neue Gesichtspunkte zu vermitteln. Akzeptieren Sie deshalb auch einmal seine Meinung.

Regel Nr. 2: Vom Typ her sind Sie ein friedfertiges Wesen, das allen Konflikten aus dem Weg geht. Übertreiben Sie diese Tendenz dennoch nicht. Sie beweisen dem Mann Ihres Herzens, daß er Sie wirklich interessiert, wenn Sie sich mit ihm intensiv auseinandersetzen. Das bedeutet aber auch, daß Sie durchaus einmal eine Meinungsverschiedenheit haben dürfen. Nur sollten Sie dabei nicht zu intensiv auf Ihrem Standpunkt beharren. Rechthaberisch sind Sie ja von Natur aus nicht.

Regel Nr. 3: Seien Sie nicht zu empfindlich. Wenn Sie ein Mann wirklich liebt, ist er von seinen Gefühlen und seiner Begeisterung so beherrscht, daß er nicht jedes Wort auf die Goldwaage legen kann. Nehmen Sie es als Zeichen seiner Liebe, wenn sein Temperament bei Ihnen hin und wieder mit ihm durchgeht.

Regel Nr. 4: Sie sind ein sehr komplexes Wesen, das in sich selbst ruht und über genügend Phantasie und Tiefe verfügt, um immer wieder Kraft daraus zu schöpfen. Vergessen Sie das jedoch, solange Sie auf Männerfang sind. Jetzt müssen Sie sich auf „ihn" konzentrieren. Beschäftigen Sie sich intensiv mit ihm, hören Sie ihm gut zu und schieben Sie niemals seinen Gedanken als für Sie zu oberflächlich beiseite.

Regel Nr. 5: Sie sind ein bedächtiges Wesen, das für alles seine Zeit braucht. Im Moment kann darin eine Gefahr liegen. Wenn Sie sich jetzt jeden Schritt fünfundzwanzigmal überlegen, kann es Ihnen passieren, daß Ihnen eine andere Frau den geliebten Mann vor der Nase wegschnappt. Greifen Sie also ruhig einmal zu. Sie wollen ja schließlich diesen Herrn der Schöpfung erobern.

Regel Nr. 6: Geduld ist zwar Ihre absolute Stärke, aber es gibt Lebenssituationen, in denen sie sich nicht auszahlt. Jetzt zum Beispiel. Solange Sie einen Mann einfangen möchten, können Sie nicht immer eine abwartende Position beziehen. Auch Sie müssen einmal die Initiative ergreifen, wenn Sie merken, daß „er" einfach nicht die Kurve kriegt.

Regel Nr. 7: Alles was Ihnen lieb und teuer ist, möchten Sie ganz fest an sich drücken und nie mehr loslassen. Das ist ein verständlicher Wunsch, der Sie jedoch im Moment nicht weiterbringt. Sie schrecken den Mann, wenn Sie sich allzu fest an ihn klammern. Er fühlt sich dann in seiner persönlichen Freiheit beschnitten und könnte versuchen, sich wieder von Ihnen zu lösen. Ein bißchen Spielraum müssen Sie ihm schon lassen.

Regel Nr. 8: Sie haben ein fabelhaftes Gedächtnis. Dinge, die Jahre zurückliegen, sind Ihnen noch ganz und gar gegenwärtig. Auch das, was Sie einmal gehört haben, vergessen Sie nicht so schnell. Trotzdem dürfen Sie im Moment nicht nachtragend sein. Sicher gibt es auch während der Freundschaft mit dem Mann Ihres Herzens einmal Situationen, in denen Ihnen seine Reaktion nicht gefällt. Bringen Sie das nicht immer wieder aufs Tapet. Sie machen ihn sonst mürbe und erwecken den Anschein, als wären Sie eine Nörglerin, was Sie ja nun wahrhaftig nicht sind.

Regel Nr. 9: Seien Sie kein zu ängstliches Krebslein. Wie kaum eine andere Sternzeichen-Vertreterin machen Sie sich um tausend überflüssige Dinge Sorgen. Seien Sie jetzt ein bißchen optimistisch. Glauben Sie an sich, an den Mann an Ihrer Seite. Selbst wenn die im Moment himmelhochjauchzende Liebe eines Tages etwas abgekühlt sein sollte, brauchen Sie nicht zu verzweifeln. Sie sind ein Mädchen, das immer wieder einen neuen Verehrer findet.

Regel Nr. 10: Als echte Krebs-Frau streben Sie schon sehr früh nach Sicherheit und Häuslichkeit. Das ist jedoch eine Eigenschaft, die Sie nicht zu sehr hervorkehren sollten, solange Sie den Mann, der Ihnen gefällt, erobern wollen. Später dürfen Sie Ihre ausgeprägte Häuslichkeit noch oft genug zeigen. Nicht jeder Mann wünscht sich ein Heimchen am Herd, sondern eine aufregende, flexible, zärtliche und anschmiegsame Geliebte.

Krebse sind manchmal wie Champagner

Für mehr Spaß bei der Liebe: So wirkt die Krebs-Eva auf die männlichen Vertreter der anderen Sternzeichen

Die Krebs-Frau und der Widder-Mann

Gute Freunde und nicht sehr überzeugte Liebende, das ist es, was meistens aus diesem Paar wird. Sobald sich der Widder-Mann wirklich ernsthaft um die Krebs-Frau bemüht, bringt sie ihre Führungsansprüche ins Spiel, so daß er schließlich Reißaus nimmt. Es ist unwahrscheinlich, daß er sich so sehr in sie verliebt hat, daß er diesen Zweikampf auf sich nimmt.

Eine Basis des gegenseitigen Verstehens ergibt sich meistens dann, wenn die oft mit ihrem Intimleben unzufriedene Krebs-Frau in dem Widder-Mann so etwas wie einen Berater sieht, der ihr weiterhelfen kann. Dabei ist es dann meist Zufall, wenn sich aus diesen Gesprächen heraus auch eine intime Beziehung ergibt. Merkt die Krebs-Frau, daß sie den Widder-Mann nicht sonderlich reizt, erwacht in ihr so etwas wie sportlicher Ehrgeiz. Sie setzt nun alles daran, ihn nach allen Regeln der Kunst zu verführen – ein Unterfangen, das ihr fast immer gelingt. Der Widder-Mann weiß zwar ganz genau, was gespielt wird, ist aber nicht dumm genug, um sich dieses Vergnügen entgehen zu lassen.

Besonders großartig darf man sich das intime Zusammensein zwischen der Krebs-Frau und dem Widder-Mann nicht vorstellen. Das liegt daran, daß der Widder alle seine Befürchtungen bestätigt sieht: Diese Frau ist tatsächlich in der Liebe tonangebend und fordert eine Menge.

Kommt es zwischen diesen beiden so ungleichen Partnern zur Ehe, stehen die Chancen für ein dauerhaftes Glück nicht besonders gut. Es ist immer wieder das alte Lied: Die dominierende

Rolle der Frau gefällt dem Mann nicht. Außerdem nimmt ein echter Widder die vielen Trotzreaktionen und die sich so häufig ändernden Launen einer Krebs-Eva nicht ernst. Das wiederum fordert ihren Trotz nur noch mehr heraus, so daß es zu häufigen Streitereien kommt.

Einigermaßen funktionieren kann die Bindung, wenn beide Partner beruflich so engagiert sind, daß sie in der Ehe mehr eine bequeme Zweckverbindung sehen als eine Zweierbeziehung, die so etwas wie einen Lebensinhalt ausmachen soll.

Überraschenderweise sind die aus dieser Verbindung hervorgehenden Kinder meist weder so zielstrebig und starrköpfig wie der Vater noch so ängstlich und launenhaft wie die Mutter. Sie sind im Gegenteil ganz patente Jungen und Mädchen, die sich durchaus zurechtfinden.

Die Krebs-Frau und der Stier-Mann

Dieser Bindung kann bedenkenlos zugestimmt werden. Hier treffen zwei Partner aufeinander, die wie füreinander geschaffen sind. Wie kaum einem anderen Mann gelingt es dem Stier, die in der Krebs-Frau schlummernde Aggressivität von sich abzulenken und in vernünftige Bahnen zu führen. Man ergänzt sich prächtig, entwickelt gemeinsame Interessen und Hobbys und kommt auch über die anfänglichen Schwierigkeiten schnell hinweg.

Der Stier-Mann erkennt die Kreativität seiner Partnerin und verübelt nicht so heftig wie der Widder ihren Drang, die erste Geige zu spielen. Er selbst ist geduldig genug, daß er darauf warten kann, bis sie unter seinem Einfluß weicher, anschmiegsamer und fraulicher wird. Auch ist seine eigene Wertschätzung im allgemeinen dermaßen intakt, daß er sich von den Erfolgen der Krebs-Dame nicht blenden läßt.

Im Gegenteil: Der Stier-Mann wird seine Krebs-Eva noch ermutigen und sich mit ihr darüber freuen, wenn ihr vieles gelingt. Jeder Frau, die nicht nur in ihrer Ehe, sondern auch in ihrem Beruf erfolgreich sein möchte, sollte daher geraten werden, sich an einen Stier-Mann zu halten. Er ist stolz auf eine kluge Gefährtin und unterstützt sie in allem, was sie unternimmt. Allerdings setzt der Stier voraus, daß die Krebs-Frau wenigstens im Schlafzimmer

Weiblichkeit verkörpert und sich ihr Durchsetzungsvermögen für die Außenwelt aufbewahrt.
Der Ehe zwischen diesen beiden Sternzeichen-Vertretern kann aus astrologischer Sicht zugestimmt werden. Sie ist fast immer harmonisch und von Dauer. Man versteht sich auf der ganzen Linie und erlebt im intimen Bereich Überdurchschnittliches. Fast immer bleiben sich diese Partner ein Leben lang treu, weil beide klug genug sind, um früh zu erkennen, daß kein anderer ihnen das geben kann, was sie sich gegenseitig geben.

Die aus dieser Bindung hervorgehenden Kinder sind harmonische, stabile Wesen, die das Glück ihrer Eltern widerspiegeln. Die vom Vater übernommene Sturheit ist meist geglättet durch den Einfluß der Mutter, die allen Auseinandersetzungen aus dem Weg gehen möchte.

Die Krebs-Frau und der Zwillinge-Mann

Überraschenderweise ist es die Gegensätzlichkeit, die diese beiden Partner anzieht. Der schwankende, verträumte, häufig unsichere Zwillinge-Mann fühlt sich hingezogen zu der selbstsicheren Krebs-Frau. Er wird sich einbilden, bei ihr Ruhe finden zu können und von ihr geführt zu werden.

Das jedoch ist ein Irrtum. Zumindest ist die Krebs-Frau nicht lange bereit, für den Zwillinge-Partner alle Wege zu ebnen. Vielmehr sucht sie einen Mann, an den sie sich auch einmal anlehnen kann und von dem sie Kraft bezieht. Der Zwillinge-Partner wird ihr letzteres kaum bieten können.

Auf der sexuellen Ebene versteht man sich anfangs überdurchschnittlich gut. Dem Zwillinge-Partner kommen Erfindungsreichtum und Phantasie zugute – beides Dinge, die die Krebs-Frau zu schätzen weiß. Über längere Zeit jedoch harmoniert es auch auf dieser Ebene meistens nicht. Der nach Sicherheit strebenden Krebs-Frau ist die Unentschlossenheit des Zwillinge-Partners ein Dorn im Auge.

Zu einer Ehe ist nur zu raten, wenn beide Partner ihre Abenteuer hinter sich gebracht und die nötige Reife gefunden haben, um einander zu akzeptieren und zu respektieren. Das ist häufig erst zu Beginn des dritten Lebensjahrzehnts der Fall.

Kinder aus dieser Bindung zeichnen sich durch Leichtigkeit, Freundlichkeit, aber auch eine gewisse Ziellosigkeit aus. Sie sind verträumt und liebenswürdig und haben meistens in der Schule mit Schwierigkeiten zu kämpfen.

Die Krebs-Frau und der Krebs-Mann

Zunächst ergibt sich hier der Kampf von zwei Giganten. Keiner der beiden ist bereit, auch nur einen Millimeter zurückzuweichen. Und obwohl es normalerweise so ist, daß es in der Liebe keine Gewinner und keine Verlierer gibt, solange diese funktioniert, muß hier der Krebs-Mann gewinnen. Wenn er den Kürzeren zieht, wenn er die Führungsrolle an seine Partnerin abgeben muß, ist das Ende der Liebe bereits in Sicht. Es kann lange dauern, bis er diesen Kampf für sich entschieden hat, aber für sich entscheiden muß er ihn.

Nicht nur eine große Portion gegenseitigen Verständnisses ist notwendig, sondern auch gegenseitigen Respekts. Wenn die Krebs-Frau erkannt hat, daß sie ihrem Partner unterlegen ist, wird sie stolz auf ihn sein und seine Entscheidungen billigen.

Dafür verlangt sie jedoch auch, für ihren Mann nicht nur zierendes Beiwerk zu sein, sondern ein echter Partner, der zumindest über Mitspracherecht verfügt.

Auf intimer Ebene versteht man sich prächtig, da ähnliche Bedürfnisse, ein ähnlicher Appetit und ähnliches Können vorliegen. Routine und Ermüdungserscheinungen treten meistens nicht auf.

Bedingungslos kann jedoch keineswegs zur Ehe geraten werden. Sie sollte nur eingegangen werden, wenn hundertprozentig feststeht, daß der Krebs-Mann die Führungsrolle innehat. Ist es ihr gelungen, den Ton anzugeben, sollte die Bindung möglichst schnell wieder gelöst werden. Das Ende wäre nämlich eine Katastrophe.

Die von Krebs-Eltern stammenden Kinder sind keine typischen Krebse, sondern ausgesprochene Individualisten, die dem Druck dieser übermächtigen Eltern meistens dadurch zu entgehen wissen, daß sie sich in einer Phantasiewelt einspinnen, oder aber – fast wie kleine Stiere – ganz konsequent ihre eigenen Wege gehen.

Die Krebs-Frau und der Löwe-Mann

Das ist nicht so gut, wie es zunächst scheint. Der Krebs-Frau kann es zwar Spaß machen, einen so mächtigen, starken Mann wie den Löwen zu erobern, aber langfristig wird sie gerade bei ihm keine Ruhe und kein Glück finden. Die Affäre dauert meist nicht sehr lange, bedeutet auch für beide nicht besonders viel Erfüllung und endet nicht selten mit einem Riesenkrach.

Im intimen Bereich gibt es einfach keine gemeinsamen Wellenlängen, obwohl gerade diese beiden Partner im Grunde ihres Herzens dasselbe wollen; beide wollen den Ton angeben und andere beherrschen.

Unweigerlich kommt es also schon hier zum ersten Machtkampf. Ähnlich wie bei der Bindung Krebs-Frau/Krebs-Mann gilt: Der Mann muß der Sieger bleiben, wenn das Krebslein zu ihm aufsehen soll. Überraschenderweise ist das der Löwe-Partner jedoch meistens nicht. Das hat einen besonderen Grund: Die Krebs-Frau reizt ihn nicht genug, als daß er bereit wäre, seine gesamten Waffen einzusetzen.

Vom Gefühl her gibt es nicht allzu viele Gemeinsamkeiten. Der stolze, gradlinig denkende, starke und sehr robuste Löwe hat wenig Verständnis für die Tiefe der Krebs-Partnerin, für ihre immer wieder auftretenden Ängstlichkeiten und vor allen Dingen für ihre ständig wechselnden Launen. Er hält das für eine kapriziöse Ader, die ihm gegen den Strich geht.

Kommt es dennoch zu einer Ehe, so erlischt das Sexualleben meistens recht früh. Der Löwe-Mann dürfte mit größter Wahrscheinlichkeit anderwärts erotische Abenteuer woanders suchen, während seine Frau sich in jede nur erdenkliche Aktivität stürzt, um über die Misere ihrer Ehe hinwegzukommen. Freilich bestätigen Ausnahmen die Regel. Eine sehr starke Krebs-Frau kann mit einem solchen Löwe-Mann glücklich werden, der über eine gehörige Portion Toleranz und über Anpassungsfähigkeit verfügt.

Die Kinder der Krebs-Frau und des Löwe-Mannes sind meist stark, voller Durchsetzungsvermögen und Lebenshunger. Sie halten ihre Eltern auf Trab, weil ihnen immer wieder etwas Neues einfällt und weil sie sich nie lange mit ein und derselben Sache beschäftigen können.

Die Krebs-Frau und der Jungfrau-Mann

Über einen typischen Jungfrau-Mann kann nichts ausgesagt werden, wenn man nicht weiß, wie alt er ist. Die unter diesem Sternzeichen geborenen männlichen Vertreter entwickeln sich besonders langsam und durchlaufen während ihres Lebens vollkommen unterschiedliche Stadien.

Wenn sie jung heiraten – beispielsweise eine Krebs-Frau –, ist das recht häufig eine Katastrophe. Die Krebs-Dame erkennt nämlich, daß sie einen kleinen Jungen an ihrer Seite hat, der ständig ihrer Führung bedarf und keines selbständigen Gedankens fähig ist; zumindest hat sie den Eindruck. Das fordert bei ihr Zynismus und Rechthaberei heraus.

Gerade bei dieser Bindung kann es zu den drolligsten, aber für die Liebe tödlichen Situationen kommen. Der noch so junge und damit unsichere Jungfrau-Mann wird sich ganz und gar von seiner Krebs-Frau beherrschen lassen. Sie ist diejenige, die seine Mode wie seine berufliche Karriere vorschreibt, die den Haushalt mit all den dazu gehörenden Entscheidungen fest im Griff hat und über die Finanzen gebietet. Daß das seinem Ego nicht gerade guttun kann und daß unter diesen Bedingungen auch das Sexualleben nicht allzu positiv verlaufen dürfte, versteht sich von selbst.

In der Ehe häufen sich nicht selten die Schwierigkeiten. Irgendwann nämlich wird der Jungfrau-Mann erkennen, daß er keineswegs das Sagen hat. Zur gleichen Zeit dürfte das Krebslein es müde sein, immer alle Entscheidungen treffen zu müssen. Meistens ist es da schon zu spät zur Umkehr. Man hat sich so festgefahren in dieser Routine, daß man den Stil nicht mehr ändern kann. Das Ende der großen Liebe zeichnet sich also ab.

Die außerordentlich glücklichen Ausnahmen sind jene, in denen die Ehe erst dann geschlossen wurde, wenn der Jungfrau-Mann dank fortgeschrittenen Alters schon zu einer klaren Linie gefunden hat. Dann ist ein dauerhaftes Glück durchaus möglich.

Daß diese Verbindung auch sehr positiv sein kann, äußert sich vor allen Dingen in den gemeinsamen Kindern. Sie sind strebsam, dabei heiter, keineswegs verbissen, leicht zu lenken und im Leben erfolgreich. Sie haben eine rasche Auffassungsgabe und die Fähigkeit, sich überall beliebt zu machen.

Krebs-Mann und -Frau schätzen ein gemütliches, gut eingerichtetes Büro

Die Krebs-Frau und der Waage-Mann

Immer wieder gibt es Beziehungen, bei denen einer der beiden Partner glücklich, der andere dagegen unglücklich ist. Ähnlich gestaltet es sich zwischen einer Krebs-Frau und einem Waage-Mann. Während der friedfertige Waage-Vertreter durchaus mit einem Krebslein Harmonie, Ruhe und Zufriedenheit finden kann, dürfte die Krebs-Frau sehr schnell rebellieren gegen die ihrer Meinung nach zu gleichgültige Einstellung des Partners gegenüber allen körperlichen Dingen. Sie will weit mehr, als ihr Waage-Mann geben kann. Für sie sind Intimitäten Teil des Lebens, Teil des Alltags und damit entsprechend wichtig.

Eine herzliche Freundschaft zwischen diesen beiden Sternzeichen-Vertretern ist dagegen durchaus möglich. Man ergänzt sich in vielfacher Beziehung und teilt vor allen Dingen solche Hobbys wie Literatur, Musik und Theater sowie Gemeinsamkeiten auf dem Gebiet aller kreativen Künste.

Einigermaßen harmonieren kann es dann, wenn die Krebs-Frau sich mit der dominierenden Rolle zufrieden gibt und sich in dem Gefühl sonnt, ihren Waage-Partner fest in der Hand zu haben. Dann muß sie jedoch ihr wahres Naturell verleugnen, das an sich vorschreibt, daß auch sie Schutz und Anlehnung sucht.

Die sich daraus ergebenden häufigen Streitigkeiten zermürben und können nur vermieden werden, wenn das Verantwortungsgefühl auf beiden Seiten so groß ist, daß man sich ernsthaft darum bemüht, eine gemeinsame Basis zu finden.

Ein wenig leichtfertig, gutgläubig und verträumt sind die Kinder, die aus dieser Ehe hervorgehen – jedenfalls ist das die Norm. Sie sind, wenn sie Mädchen sind, häufig überängstlich, machen das aber wett durch großen Charme. Es dürfte ihnen also leichtfallen, immer jemanden zu finden, der sie vor den Unbilden des Alltags beschützt.

Die Krebs-Frau und der Skorpion-Mann

Als außerordentlich positiv muß diese Bindung bezeichnet werden. Anders als der Jungfrau-Mann, der sich von der Krebs-Frau sehr viel bieten läßt und erlaubt, daß sie die Zügel führt, tut der

Skorpion-Partner nur so, als überließe er ihr das Regiment. In Wirklichkeit kontrolliert er seine manchmal nicht ganz einfache Krebs-Dame durchaus. Er sagt ihr, wo es langgeht und ist derjenige, der die wichtigen Entscheidungen fällt.

Normalerweise läßt sich der Skorpion-Mann zwar nicht von Frauen anziehen, die die beherrschende Rolle spielen wollen. Bei den Krebs-Damen jedoch macht er eine Ausnahme. Er nämlich erkennt die unter der etwas spröden Oberfläche liegenden Tiefen, die Emotionen und die ganze große Palette der Gefühlsempfindungen dieser Frau.

Auch auf der intimen Ebene verstehen sich beide Partner hervorragend. Da der Skorpion-Mann ein versierter, einfallsreicher Liebhaber ist, kann er die in dieser Beziehung durchaus anspruchsvolle Krebs-Frau zufriedenstellen. Auch vermittelt er ihr das Gefühl, daß er tonangebend ist, wenn es um die erotische Beziehung geht.

Und das ist letztendlich etwas, was sich die Krebs-Dame insgeheim wünscht. Die andere Rolle spielt sie im allgemeinen nämlich nur deshalb, weil es ihr schwerfällt, einen Partner zu finden, der ihr wirklich gewachsen ist.

Auch einer Ehe zwischen diesen beiden Sternzeichen-Vertretern kann zugestimmt werden. Man arrangiert sich, respektiert einander und schafft es, gemeinsam eine große Linie zu verfolgen, die finanzielle Sicherheit schon in den ersten Ehejahren garantiert.

Von gleicher Willensstärke, Zielstrebigkeit und Gradlinigkeit sind auch die aus dieser Ehe hervorgegangenen Kinder. Sie wissen früh, was sie wollen und schaffen sich ihren Platz im Leben. Allerdings sind sie oft auch gern bereit, für diesen Platz zu kämpfen. Leicht ist der Umgang mit ihnen nicht, denn sie haben manchmal eine beinahe stierähnliche Sturheit an sich, wenn es darum geht, etwas zu erreichen, was sie sich in den Kopf gesetzt haben.

Die Krebs-Frau und der Schütze-Mann

Hier gibt es ganz erhebliche Schwierigkeiten. Sein Motto lautet „Spaß haben“, ihres dagegen „Erobern“. Welten trennen diese beiden. Weder versteht die Krebs-Frau den Schütze-Mann noch umgekehrt. Sie beurteilt ihn auch völlig falsch. Ihrer Meinung nach hat er keinen Ehrgeiz, keine Wurzeln, ist ein Verschwender und leichtsinnig. Wie er wirklich ist, bleibt ihr meistens verborgen. Sie erkennt nicht seine Lebenslust, seine Ästhetik, seine Liebe zu Frauen schlechthin und seinen freien Geist. Ihm dagegen fehlt das Verständnis dafür, daß die Krebs-Partnerin seine Lebensfreude nicht zu teilen vermag und sich über das, was er ihr anbietet, nicht freut.

Die große Energie der Krebs-Geborenen – so findet der Schütze-Mann – sollte nicht unnütz in alltäglichen Kleinigkeiten verzettelt werden. Seiner Meinung nach könnte der Kräfteüberschuß, der in dieser Frau ruht, im Schlafzimmer abgebaut werden. Da jedoch türmen sich Schwierigkeiten. Zu seinem großen Erstaunen und noch größeren Bedauern wird der Schütze-Mann feststellen, daß seine Partnerin seine (seiner Meinung nach) so großartigen erotischen Talente nicht zu würdigen weiß. Die Krebs-Frau nämlich findet, daß dieser Mann auch in der intimen Beziehung zu verspielt ist.

Eine Dauerbindung zwischen diesen beiden so unterschiedlichen Sternzeichen-Vertretern sollte nur dann erwogen werden, wenn beide nicht besonders typisch sind für ihre astrologische Geburtsstunde. Nur eine Krebs-Frau, die das Leben meistert, die realistisch und nicht verträumt ist, kann auf Dauer einen Schütze-Mann akzeptieren. Der Schütze-Mann wiederum kann in dieser Partnerin auch nur dann die ideale Gefährtin sehen, wenn sie mit ihm durch dick und dünn geht, keine Launenhaftigkeit zeigt und darüber hinaus von vornherein darauf verzichtet, ihn am Gängelband führen zu wollen.

Mit der ehelichen Treue nehmen es beide im allgemeinen recht genau – immer vorausgesetzt, sie haben sich unter den aufgezeigten Bedingungen zusammengerauft.

Ähnlich schwierig wie die Ehe der Eltern sind häufig die daraus hervorgegangenen Kinder. Sie sind nicht selten aggressiv, sehr ehrgeizig und dabei empfindsam. Die Mädchen neigen dazu, leicht gekränkt zu sein, während die Jungen dieses Gefühl durch Trotz zu überbrücken suchen.

Die Krebs-Frau und der Steinbock-Mann

Eigentlich müßte diese Verbindung gut sein. Sie ist es aber nicht. Der Steinbock-Mann fühlt sich zwar im allgemeinen angezogen von Frauen, die ihn dominieren wollen und läßt sich beeindrucken von deren Energie. Mit der Krebs-Frau aber klappt das aus unerfindlichen Gründen nicht. Der Steinbock-Mann hat das Gefühl, daß ihn diese Frau auf seine Kosten beherrscht, und das verletzt seinen Stolz. Da läßt er lieber wieder die Finger von ihr.

Hat man sich zusammengerauft, klappt das nur unter einer Bedingung: die Krebs-Frau hat nachgegeben. Sie hat in dem Steinbock einen realistischen, zielbewußten Mann erkannt, der sich standhaft weigert, sich von ihr manipulieren zu lassen. Diese Weigerung dürfte dazu führen, daß sie für ihn sogar Respekt entwickelt – immer die beste Voraussetzung für die Krebsin, einen Mann auf Dauer zu lieben.

Trotzdem geht der Machtkampf im allgemeinen während der Ehe weiter. Da beide Partner ähnlich stark sind, kommt es häufig nicht zu einem endgültigen Gewinn oder einer endgültigen Niederlage. Die Stärke beider hält sich die Waage. Das wiederum führt zu großer gegenseitiger sexueller Anziehungskraft, die so manche Ehe zusammenzuhalten vermag.

Schwierig wird es lediglich, wenn die Krebsin keinen Beruf hat und daher ihren gesamten Lebensinhalt in der Ehe und im Hausfrauendasein sieht. Dann werden ihre Ansprüche an den Steinbock-Mann noch größer, als hätte sie keine anderen Ventile für ihre Energien. Kein Wunder, daß unter diesem Vorzeichen so manches Mal der Haussegen schiefhängt.

Da die Krebs-Frau und der Steinbock-Mann trotz aller Auseinandersetzungen und aller Machtkämpfe immer gute Freunde bleiben, prägen sie Kinder, die in sich harmonisch und ausgeglichen sind und mit ihrer Umwelt gut zurechtkommen.

Die Jungen und Mädchen sind verständig und verantwortungsbewußt und später in der Schule außerordentlich gelehrig.

Die Krebs-Frau und der Wassermann-Mann

Für einen Wassermann, der daran interessiert ist, früh eine solide Karriere aufzubauen und einen festen Platz in der Gesellschaft einzunehmen, ist eine Krebs-Partnerin geradezu ideal. Diese Frau wird ihn nach Kräften unterstützen und dafür sorgen, daß er immer zur rechten Zeit am richtigen Platz ist. Das ist etwas, was gerade den Wassermann-Geborenen zugute kommt, neigen sie doch dazu, sich leicht zu verzetteln, sich treiben zu lassen und vieles dem Zufall zu überlassen.

Dem Zufall überläßt die Krebs-Geborene die Liebe zum Wassermann gewiß nicht. Fest nimmt sie die Zügel in die Hand. Dank ihrer Energie schafft sie es im allgemeinen gut, alles so zu lenken, wie sie sich das vorgestellt hat. Da sie den Wassermann aber auch bewundern kann, verliert sie trotz ihrer dominierenden Rolle keineswegs den Respekt. Sie erkennt an, daß er ihr an Phantasie und Intellekt überlegen ist. Das imponiert ihr und führt dazu, daß man sich auch auf der intimen Ebene gut versteht. Gerade in erotischer Beziehung braucht die Krebs-Partnerin einen Mann, zu dem sie aufschauen kann.

Die Ehe zwischen einer Krebs-Frau und einem Wassermann ist fast immer dauerhaft, solide und harmonisch. Es gibt zwar keine aufregenden Höhen und Tiefen, dafür aber eine tiefe Zuneigung, die sich durch kleinere oder größere Schicksalsschläge genausowenig erschüttern läßt wie durch den Hang des Wassermanns, auch an den Reizen anderer Frauen Gefallen zu finden.

Quicklebendig, lebensfroh, phantasiereich und dabei ein wenig verträumt – das sind die Kennzeichen der meisten aus dieser Bindung hervorgehenden Kinder. Die Mädchen sind schon früh echte Evas, die sich zu schmücken wissen, während die Jungen eine ausgesprochene Ader als kleine Kavaliere entwickeln.

Die Krebs-Frau und der Fische-Mann

Eine merkwürdige, nur schwer zu erklärende Faszination geht von dem Fische-Mann aus. Die Krebs-Frau, die sich normalerweise nicht unbedenklich einem Mann schenkt, die an jede Liebe Bedingungen zu knüpfen versucht, wirft alle Prinzipien über den

Haufen, wenn ihr ein Fische-Mann begegnet. Mit großer Wahrscheinlichkeit hat sie ihre aufregendsten Liebesabenteuer mit einem solchen Sternzeichen-Vertreter schon hinter sich. Wie kein anderer Mann fesselt er sie, beherrscht sie sogar und formt sie.

Fast jede Krebs-Frau hat – durfte sie überhaupt die ganz große Liebe erleben – ihr Herz einmal an einen Fische-Mann verloren. Nicht immer jedoch endet das positiv. Sehr häufig haben diese Abenteuer tragische Aspekte. Für den echten Fische-Vertreter ist eine himmelstürmende Liebe mit allem, was dazu gehört, mehr oder weniger normal. Für die Krebs-Frau dagegen, die ständig Bedenken anmeldet und ihre Gefühle zu kontrollieren sucht, ist eine so bedingungslose Liebe eher die Ausnahme. Ganz logisch, daß sie hochgespannte Erwartungen daran knüpft, die der Fische-Mann jedoch nicht immer erfüllen kann.

Während man am Anfang noch von der gegenseitigen Attraktion geleitet war und damit so manche Alltagssschwierigkeit überbrücken konnte, gestaltet sich diese Beziehung in der Ehe mitunter etwas schwierig. Die Krebs-Frau, auf Sicherheit ausgerichtet, hat wenig Verständnis für die leichte Ader ihres Partners. Sie kann nicht begreifen, daß ihm ein amüsanter Abend oder ein nettes Abenteuer wichtiger sein können als eine in ihren Augen notwendige Anschaffung oder Verpflichtung.

Deshalb gerät man gerade in dieser Beziehung immer wieder aneinander.

Auch die aus dieser Verbindung hervorgehenden Kinder sind häufig zwiespältig. Sie wollen zwar einerseits – wie der Fische-Vater – stets auf der Sonnenseite des Lebens stehen, haben aber auch in sich das Streben der Mutter nach Sicherheit. Das macht sie zu komplexen, diffizilen Naturen, die oft selbst nicht wissen, was sie nun wirklich wollen.

So süß ist die Krebs-Frau, wenn sie verliebt ist

Durch ihren Charme und ihre Anziehungskraft kann sie beinahe jeden Mann einwickeln. Sie strahlt sehr viel Mütterlichkeit aus und vermittelt dem Mann ihrer Träume das Gefühl, daß er bei ihr den Himmel auf Erden haben würde. Kein Wunder, daß diese Krebs-Eva ständig von Verehrern umringt ist. Sie ist eine Frau, die ohne die Liebe nicht leben kann.

Ihr romantisches Leben ist komplex und vielseitig. Es fällt ihr viel leichter, einen Mann zu erobern, als ihn – wenn es nottut – wieder loszuwerden. Da tut sie sich schwer. Ihr Sinn für Sicherheit sowie ihr Bestreben, an allem Erreichten festzuhalten, hindern sie daran, eine als falsch erkannte Bindung wieder zu lösen. So kann es passieren, daß sie einem Mann auch dann noch jahrelang treu bleibt, wenn die Beziehung längst erkaltet ist.

Normalerweise jedoch gibt sich eine Krebs-Frau mit einer solchen Situation nicht zufrieden. Sie braucht Abwechslung – auch in der Liebe. Sie ist eine anschmiegsame aber keineswegs willenlose Gefährtin. Einem Mann schenkt sie sich nur dann, wenn sie selbst es will. Verführen kann man diese Eva nicht.

Die ohnehin zur Träumerei und Launenhaftigkeit neigende Frau ist noch viel komplexer und kapriziöser, wenn sie liebt. Dann kann sie von einem Gefühlsextrem ins andere fallen und alle Höhen und Tiefen einer echten Leidenschaft durchkosten. Allerdings läßt sie ihren Partner das nicht immer wissen. Sie ruht weitgehend in sich selbst und macht daher auch ihre gefühlsmäßigen Entwicklungen mit sich allein ab.

Die typische Krebs-Eva heiratet früh. Da sie sich gleichermaßen unter Fittiche duckt, andererseits einen Mann leiten will, sucht sie einen Partner, der ihr beides bietet. Ist ihre Liebe echt und tief, dann ist sie eine außerordentlich reizvolle Gefährtin voller schillernder, unterschiedlicher Seiten. Ihre sonst eher als negativ zu bezeichnende Launenhaftigkeit äußert sich jetzt in der Vielschichtigkeit ihrer Liebe. Sie kann heute süß, anschmiegsam und zärtlich sein, um morgen beinahe als Tigerin aufzutreten. Sie kann die Rolle des verspielten kleinen Mädchens übernehmen, aber genauso die des Vamps. Beides übrigens Rollen, die ihr ausgezeichnet stehen. Sexuell attraktiv und begehrenswert bleibt sie dank ihrer „Bandbreite" für beinahe jeden Mann. Auch in den reiferen Jahren wird sie oft noch geliebt und begehrt. Das braucht sie, denn wenn sie keine Bewunderung mehr spürt, verhärtet sie sich.

Sie ist unglaublich leicht verletzt und leider auch nachtragend. Verübeln darf man ihr das nicht. Hat sie den Schmerz oder die Kränkung überwunden, ist sie wieder ein zauberhaftes, ganz dem Gefühl lebendes Geschöpf, mit dem man repräsentieren kann, weil sie sich in jeder Gesellschaft zu bewegen weiß.

Auch sehr anspruchsvollen Männern ist sie eine hervorragende Partnerin. Ihr breit gefächertes Interessengebiet sowie ihr wacher Verstand, gepaart mit ihrer lebhaften, interessanten Phantasie, machen sie zu einer geistreichen, unterhaltsamen Gesprächspartnerin. Wie kaum eine andere Frau versteht sie es, gefühlsmäßig schwierige Situationen auszuleuchten und zu meistern.

Allerdings gilt dies nicht für sie selbst. Mit ihren eigenen Gefühlen kommt sie häufig in Schwierigkeiten, und zwar immer dann, wenn sie von unbegründeter Eifersucht oder anderen Zweifeln gepackt wird.

Am besten kommt man mit dieser Frau zurecht, wenn man akzeptiert, daß sie kein Spielzeug ist, daß sie ihre Rechte hat, daß sie – zumindest gelegentlich – den Ton angeben muß, und daß sie darüber hinaus ein Wesen ist, das man nicht auf einen einzigen Blick erfassen kann.

Das ist der Partner, den die Krebs-Frau braucht

Die Krebs-Frau braucht einen geduldigen, verständnisvollen Partner, der sie mit zärtlichen Worten verwöhnt und ihr seine uneingeschränkte Bewunderung zu Füßen legt. Sie sucht eine einzigartige, exklusive Beziehung und sorgt andererseits dafür, daß der Mann an ihrer Seite ähnliches erhält.

Der ideale Partner muß ihr Sicherheit bieten, auf gefühlsmäßigem Sektor ebenso wie auf materiellem. Verzichten kann sie auf den Mann, der nie weiß, wann er nach Hause kommt, der keine Telefonnummer hinterläßt, wenn er reist, der weder eifersüchtig noch besitzergreifend ist und der sich ansonsten keinen Deut darum kümmert, was sie tut, wenn er einmal am Wochenende nicht da ist. Sie mag zwar behaupten, daß sie gegen besitzergreifende Typen ist, doch das sagt sie gegen ihr Naturell. Sie zieht einen Mann vor, der sich um sie kümmert, dem es wichtig ist, daß sie glücklich ist und der sie umsorgt.

Normalerweise mag sie Männer, die gleichbleibend gute Liebhaber, aber auch fähig sind, ihre Phantasie und ihre Sehnsucht nach Abwechslung zu teilen. Wenn der Partner klug ist, wird er ihr das Bewußtsein vermitteln, daß sie in seiner erotischen Phantasie die Hauptrolle spielt. Selbst wenn sie hin und wieder mit einem anderen Mann flirten sollte – von seiner Untreue möchte sie vorsichtshalber nichts wissen; diesen Gedanken vermag sie sogar zu verdrängen.

Besonders ideal für die Krebs-Geborene ist ein Partner, der zärtlich, freundlich und verständnisvoll und darüber hinaus intuitiv genug ist, um ihre diversen Launen zu erahnen und darauf einzugehen.

Besonders geschickt sind solche Männer, die keine verbalen Erklärungen verlangen, wenn die Fröhlichkeit ihrer Krebsin in Traurigkeit umschlägt, oder auch umgekehrt.

Einen Partner braucht die Krebs-Frau übrigens, der einen gewissen Hang zur Sentimentalität und zur Romantik hat. So richtig von Herzen verlieben kann sie sich eigentlich nur, wenn auch alle Kleinigkeiten stimmen. Dazu gehören in ihrem Fall zärtliche Musik, Kerzenschein, die richtige Temperatur, die richtigen Worte.

Wenn sie die Möglichkeit hat, ihre ganze Vielfalt in der Liebe auszuleben, ist sie glücklich. Mit einseitigen Beziehungen kann sie nichts anfangen, genausowenig mit einseitigen Männern. Da sie sich selbst für vieles interessiert, setzt sie bei ihrem Partner ähnliches voraus. Ein Mann, der vor lauter Bäumen den Wald nicht sieht, ist ihr ein Greuel, ebenso ein Partner, der im Laufe vieler Berufsjahre betriebsblind geworden ist. Sie beansprucht einen aufgeschlossenen, lebensklugen Gefährten, der intelligent genug ist, ihr mitunter auch einmal die erste Rolle zu überlassen.

Was Krebs-Frauen lernen müssen, um noch glücklicher zu sein

In erster Linie muß die Krebs-Frau lernen, mit sich selbst hundertprozentig ehrlich zu sein. Jemand anderes kann sie nicht hinters Licht führen, aber sie selbst schafft es. Sie ist zwar eine erheblich gefühlsbetonte, dem Körperlichen verhaftete Frau, hat aber gewisse Hemmungen. Weil ausgesprochen feminin, ist sie empfänglich für männliche Stärke, hat jedoch das starke Bedürfnis, ihren Partner zu kontrollieren. Das ist freilich dem Wunsch, eine gemeinsame Basis gegenseitigen Verstehens zu finden, hinderlich. Wenn sie das erkennt und dieses Bedürfnis in Grenzen hält, kann sie in einer Zweierbeziehung recht glücklich werden.

Ihre Wünsche sollte sie offen anmelden und nicht in die Rolle der passiven Partnerin verfallen. Sie muß lernen, ihren natürlichen Hang zur Geheimniskrämerei zu überwinden und durch freien Gedankenaustausch zu ersetzen.

Sie muß sich damit abfinden, daß sie ein Mensch ist, der von Unsicherheiten, Ängsten und Zweifeln geplagt wird. Wenn sie sich das eingesteht, wird sie auch begreifen, daß sie Garantien und Sicherheiten haben muß, um sich wohlzufühlen. Sie muß lernen, mehr Vertrauen in ihre Umwelt und in die Zukunft zu haben. Da sie die geborene Schwarzseherin ist, kann es nicht schaden, wenn sie sich intensiv darum bemüht, etwas optimistischer zu sein.

Sie, die so sehr die Sicherheit und das gleichbleibende Einerlei bevorzugt, macht sich unglücklich, wenn sie sich gegen jede Veränderung stemmt, ob nun im gedanklichen, beruflichen oder geographischen Bereich. Hat sie aber eine Reihe von Veränderungen hinter sich gebracht, wird sie erkennen, daß sie zufriedener geworden ist.

Krebs-Frauen lieben Abende
bei Kerzenlicht

Sie muß lernen, daß sie einen Menschen, den sie liebt, nicht einfach besitzen kann. Wie kaum eine andere Frau neigt sie dazu, den Mann ihres Lebens durch ihre ausgeprägte Possessivität zu schrecken. So manchen treibt sie damit in die Flucht.

Die Krebs-Geborene, vom Zeichen des Wassers beherrscht, muß lernen, sich diesem Element anzupassen. Sie muß beweglicher, fließender, zugänglicher werden, um ihr Leben in vollen Zügen genießen zu können. Außerdem kann es nicht schaden, wenn sie realistischer wird. Sie wünscht sich oft Dinge, die im Leben nicht erreichbar sind. Das führt dann unweigerlich zu Enttäuschungen.

Um glücklicher durchs Leben zu gehen, muß die Krebs-Geborene schließlich lernen, sich selbst nicht immer als Zentrum aller Dinge zu sehen. Wenn sie begriffen hat, daß auch sie beeinflußbar ist und daß auch sie durch Beziehungen und Partnerschaften verändert werden kann, wird sie sich nicht mehr so sehr dagegen sträuben. Sie muß lernen, sich einfach etwas mehr gehenzulassen. Ihrem eigenen Glück steht nämlich häufig nur sie selbst im Wege.

Test: Sind Sie anfällig für die Verlockungen des starken Geschlechts?

Von Natur aus ist die Krebs-Frau ganz auf ihre Familie und auf alle damit verbundene Sicherheit eingestellt. Die Liebe ist für sie wichtig, aber im allgemeinen auch wieder nicht so wichtig, daß sie nur aus Vergnügungssucht einen Seitensprung begehen würde.

Die erotische Phantasie dieser Sternzeichen-Geborenen ist besonders ausgeprägt, so daß sich so manche Krebsin sehr wohl vorstellen kann, in den Armen eines anderen Mannes zu liegen. Aber wie gesagt, das ist nur eine Vorstellung, in den meisten Fällen aber keine Realität.

Die Krebs-Frau sieht sich in erster Linie als gute Mutter und Hausfrau. Sie legt Wert darauf, diese Rolle zu beherrschen. Meistens wurde sie traditionell erzogen und hat schon während ihrer Kindheit gelernt, daß Treue kein leerer Wahn sein darf.

Selbst wenn die Krebs-Frau ihren Mann betrügen sollte, wird sie deshalb das Glück ihrer Familie in aller Regel nicht aufs Spiel setzen. Auch wird sie so geschickt vorgehen, daß man ihr nicht auf die Schliche kommt und daß sie ihre Position nicht gefährdet. Ihrem Wertsystem und ihrer Gefühlswelt entspricht es vielmehr, wenig zu riskieren und zusammen Erarbeitetes zu erhalten.

Erst die reifere Krebs-Frau entdeckt bei sich sexuelle Bedürfnisse und das Verlangen nach mehr Abwechslung. Sie wird zu diesem Zeitpunkt zwar in erster Linie ihre Stabilität haben wollen, aber ihr leidenschaftliches Naturell kann doch bedingen, daß sie jetzt beginnt, auch an anderen Männern Gefallen zu finden.

Eines steht jedenfalls fest: Ihre erotische Phantasie gaukelt ihr in dieser Zeit mehr als früher andere Liebhaber vor.

Wenn gerade während dieser Phase die Umstände besonders

günstig sind, dann ist die Krebsin mehr als sonst den Verlockungen des starken Geschlechts hilflos ausgeliefert. Es gibt sechs klassische Situationen, die eine Krebs-Eva verlocken können, ihren Prinzipien untreu zu werden.

Wie ist das bei Ihnen? Sind Sie eine durch und durch treue Krebs-Frau? Testen Sie das doch einmal.

Test Nr. 1: Enttäuschung auf sexuellem oder gefühlsmäßigem Gebiet

Die empfindsam veranlagte Krebsin stellt besonders hohe Ansprüche. Wenn sie nach Jahren der Gemeinsamkeit feststellen muß, daß aus ihrer Ehe Routine geworden ist und daß ihr als Frau kein Verständnis mehr entgegengebracht wird, dann ist sie bereit, die Konsequenzen zu ziehen. Intensiv flirtet sie, immer auf der Suche nach einem neuen Mann, von dem sie glaubt, daß er ihr all das, was sie verloren hat, zurückgeben kann, nämlich das Gefühl, noch immer eine attraktive, begehrenswerte Frau zu sein.

Test Nr. 2: Hunger nach Abwechslung und Aufregung

Vor allem für die Krebsin, die sehr früh geheiratet hat und für die der Ehemann der erste oder zweite Mann in ihrem Leben überhaupt war, kommen in den späteren Jahren eine Reihe von Versuchungen. So etwas wie ein Nachholbedarf stellt sich ein, von dem die Krebsin glaubt, ihn nur dadurch stillen zu können, indem sie jetzt andere Männer, auch intim, kennenlernt. Jene Krebsin jedoch, die schon vor ihrer Ehe mehrere Männer gekannt hat, ist gegen diese Versuchung weitgehend gefeit.

Test Nr. 3: Rache

Wie kaum eine andere Sternzeichen-Vertreterin ist die Krebs-Geborene zutiefst verletzt, wenn sie von ihrem Mann betrogen wird. Sie kann nicht verzeihen und sucht konsequent einen Mann, mit dem sie nun ihren Partner betrügen kann. Sie macht dabei aus ihren Schritten keinen Hehl, obwohl sie ganz genau weiß, daß sie damit das Ende ihrer Ehe herausfordert.

Test Nr. 4: Unerfülltes Sicherheitsdenken

Wenn die Krebsin das Gefühl hat, daß ihr Partner sie und ihre Kinder nicht ausreichend versorgt, daß also die von ihr so intensiv angestrebte Sicherheit nicht gegeben ist, dann macht sie sich Gedanken, die ihren Mann hellwach machen sollten. In erster Linie wünscht sie sich einen Vater für ihre Kinder, der ihr garantieren kann, daß sie ihre finanzielle Sicherheit behalten wird.

Test Nr. 5: Große Liebe

Wenn ihr die große Liebe begegnet – und in keinem Alter ist sie dagegen hundertprozentig gefeit –, dann ist die Krebsin konsequent. Eine neue große Liebe bedeutet für sie, wenn sie sich ihre Gefühle wirklich eingesteht, daß sie noch einmal bereit ist, die so hoch eingeschätzte Stabilität aufzugeben und ein Abenteuer zu wagen. Sie geht jedoch davon aus, daß diese Liebe von Dauer sein wird und nicht nur ein Flirt war.

Test Nr. 6: Beeinflussung

Auch dazu neigt die Krebs-Geborene: Wenn sie einer Gruppe von Freundinnen und Freunden angehört, bei denen es in der Ehe nicht stimmt, dann läßt sie sich mitunter so beeinflussen, daß sie schlechten Beispielen folgt. Hier ist der Seitensprung mehr eine Art Spiel. Meistens bleibt es bei einer Affäre, weil sie im Grunde genommen der Krebsin gegen den Strich geht.

Testergebnis:

Wenn Sie ein oder zwei Fragen mit einem Ja beantworten mußten: Sie sind eine typische Krebsin, die ihr Glück nicht leichtsinnig aufs Spiel setzt. Es müssen schon viele Umstände zusammenkommen, damit Sie Ihren Partner betrügen.

Wenn Sie zwei bis vier Fragen mit einem Ja beantworten mußten: Auf festen Beinen steht Ihre Zweierbeziehung seit längerer Zeit nicht mehr. Insgeheim sind Sie schon auf der Suche nach einem eventuellen neuen Partner. Vielleicht jedoch gestehen Sie sich das noch nicht ein. Versuchen Sie, mit Ihrem jetzigen Partner ein ausführliches Gespräch zu führen. Sicherlich ist Ihre Ehe noch zu retten.

Wenn Sie fünf oder sechs Fragen mit einem Ja beantworten mußten: Sie sind im Moment hundertprozentig anfällig für ein erotisches Abenteuer. Das liegt an Ihrer nicht mehr besonders harmonischen Zweierbeziehung und auch daran, daß Sie sich nach mehr Abwechslung sehnen. Halten Sie Ihr Herz fest, wenn Ihnen an der jetzigen Partnerschaft noch liegt.

Das Intimhoroskop des Krebs-Adams

Zehn goldene Regeln, die Sie beachten sollten, wenn Sie auf Freiersfüßen stehen

Regel Nr. 1: Verunsichern Sie nicht das Mädchen, das Sie lieben. Ihr eigenes Allgemeinwissen ist zwar erstaunlich groß, aber deshalb sollten Sie es trotzdem nicht ständig zeigen. Die Dame an Ihrer Seite ist dann nur eingeschüchtert und traut sich am Schluß gar nichts mehr zu sagen.

Regel Nr. 2: Sie, der Sie sonst doch so geduldig sind, wollen jetzt alles überstürzen. Das ängstigt so manches Mädchen. Viel besser erreichen Sie Ihr Ziel, wenn Sie jetzt vorsichtig vorgehen und vor allen Dingen einer zartbesaiteten Freundin genug Zeit lassen, sich erst mal ein wenig an sie zu gewöhnen.

Regel Nr. 3: Zeigen Sie mehr Verständnis für die Launenhaftigkeit Ihrer Freundin. Sie selbst neigen ja auch dazu, mitunter himmelhochjauchzend und dann zu Tode betrübt zu sein. Setzen Sie also nicht voraus, daß holde Weiblichkeit immer gleichbleibend empfindet. Auch sie kennt Höhen und Tiefen.

Regel Nr. 4: Verlassen Sie sich, wenn Sie ein Mädchen erobern möchten, mehr auf Ihre Eingebungen als auf festgesetzte Regeln. Sie haben ein gutes Gespür dafür, was gerade richtig ist.

Regel Nr. 5: Beschützen Sie die Dame Ihres Herzens. Sie müssen davon ausgehen, daß so manche Unsicherheit und so manche Angst noch in dem Mädchenherzen steckt, das Sie erobern möchten. Sie können helfen, all das zu überwinden – durch Verständnis, Wärme und sehr viel Zärtlichkeit.

Krebs-Frauen fürchten sich vor großen Hunden

Regel Nr. 6: Normalerweise sind Sie kein Mann, der sich sehr leicht verzettelt. Trotzdem kann es passieren, daß Sie gerade jetzt, während Sie verliebt sind, kein klares Konzept in Ihre Pläne hineinbringen. Bemühen Sie sich aber darum. Es kommt Ihnen und Ihrer Freundin zugute. Das bedeutet, daß Sie sich auch überlegen sollten, welche Ausgaben wirklich notwendig sind und wie Sie es anstellen können, daß Ihr Schwarm und Sie noch mehr Zeit füreinander haben.

Regel Nr. 7: Verwöhnen Sie das Mädchen an Ihrer Seite durch hübsche Geschenke. Es muß ja nicht gleich ein teures Schmuckstück sein – Blumen tun es auch. Und noch etwas: Vergessen Sie nie ihren Geburtstag.

Regel Nr. 8: Seien Sie nicht so eifersüchtig, wenn Sie sich mit ihren Freundinnen treffen will. Sie braucht diesen Kontakt, auch wenn Sie im Moment die wichtigste Person in ihrem Leben sind. Gerade während sie liebt, möchte sie mit ihren Freundinnen darüber sprechen können.

Regel Nr. 9: Sie können das Mädchen Ihrer Wahl zwar mit Liebe und Zärtlichkeit überhäufen, aber Besitzansprüche sollten Sie nicht stellen, wenn Sie sie ganz erobern wollen.

Regel Nr. 10: Gehen Sie, auch wenn Sie bis zu den Haarwurzeln verliebt sind, trotzdem Ihrer Arbeit gewissenhaft nach. Das kommt Ihnen beim Erobern Ihrer Freundin durchaus zugute. Es gibt keine Frauen, die sich nicht dadurch beeindrucken lassen, daß ein Mann pflichtbewußt und erfolgreich ist.

Für mehr Spaß bei der Liebe: So wirkt der Krebs-Adam auf die weiblichen Vertreter der anderen Sternzeichen

Im Zeichen des Krebses ist wilde, ungezügelte Leidenschaft recht selten. Eher kommt es zu seltsamen, merkwürdigen Liebesabenteuern, die von der Umwelt nur schwer verstanden werden: Episoden, über die die meisten Menschen den Kopf schütteln, weil sie sie nur verstehen als verstiegene, hoffnungslose oder unrealistische Situation. Der Krebs-Mann jedoch findet das alles ganz normal.

Er kann zwar ausgesprochen sinnlich sein, sich nach sehr viel Zärtlichkeit und erotischer Raffinesse sehnen, doch wichtiger als all das sind ihm das Gefühl der Wärme, das Gefühl der Geborgenheit und großes gegenseitiges Verständnis. Das bedeutet, daß sich der unter diesem Sternzeichen Geborene häufig zu den betont weiblichen, beinahe mütterlichen Frauen hingezogen fühlt, die ihm all das bieten können.

Daß Liebe blind macht, ist ein Spruch, der den Krebs-Geborenen auf den Leib geschrieben sein könnte. Wie kaum andere Männer neigen sie dazu, jenem Mädchen, für das sie entflammt sind, sogleich all die Eigenschaften anzudichten, die sie ersehnen. Die nüchterne Umwelt erkennt zwar, daß die Krebs-Partnerin keineswegs diesem Ideal entspricht, er selbst aber sieht das ganz anders. Er bleibt befangen in dem Stadium blinder Verliebtheit, himmelt seine Partnerin an und ist beinahe am Boden zerstört, wenn er feststellen muß, daß er sich doch in ihr geirrt hat.

Krebs-Männer lernen nicht besonders schnell aus negativen Erfahrungen. Ihnen kann es passieren, daß sie schon die nächste Partnerin in eine Schablone pressen, ohne sie vorher kennengelernt zu haben.

Unproblematische Liebesbeziehungen sind im Zeichen des Krebses ausgesprochen selten. Da diese Sternzeichen-Vertreter häufig ichbezogen, sehr gefühlvoll, gutmütig, hilfsbereit, aufopfernd und fürsorglich sind, finden sie zum Glück immer wieder eine Partnerin, die all diese Vorteile zu schätzen weiß. Sie müssen zwar oft gegen ihre eigenen Stimmungsschwankungen ankämpfen und sind daher keine bequemen Partner, aber ihre Zuverlässigkeit und ihre Liebenswürdigkeit gleichen das alles wieder aus. Ideal sind für den Krebs-Geborenen solche Partnerinnen, die selbst sehr ausgeglichen sind, ihre eigenen Pläne und Ziele sehr genau kennen und sich durch die kleinen Launen des Krebs-Mannes nicht aus der Ruhe bringen lassen. Außerdem passen auch solche Frauen gut zu ihm, die ihn verwöhnen, sich um alles kümmern und ihn mit einem Höchstmaß an liebender Fürsorge überschütten.

Der Krebs-Mann und die Löwe-Frau

Sie sind Nachbarzeichen und einander in mancher Beziehung durchaus ähnlich. Beide sind stark, haben hochgesteckte Pläne und viel Gemüt. Es ist also denkbar, daß eine Beziehung zwischen einem Krebs-Mann und einer Löwe-Frau harmonisch verläuft. Ohne Stürme jedoch dürfte sie – zumindest am Anfang – nicht anrollen. Man kämpft für längere Zeit um die Rangordnung. Erfolg kann diese Bindung nur dann haben, wenn der Krebs-Mann stark genug war, um seine Löwin so weit zu bändigen, daß sie ihn zumindest als gleichberechtigt anerkennt. Besser noch wäre es, würde sie in ihm den stärkeren Partner sehen und sich auch einmal unterordnen. Das ist jedoch im allgemeinen bei Löwe-Geborenen eher die Ausnahme.

In der Ehe spielt bei diesen Partnern die körperliche Beziehung eine große Rolle, und das noch nach Jahren. Überhaupt ist zu beobachten, daß der Krebs-Geborene und die Löwe-Frau erst im Laufe der gemeinsamen Jahre enger zueinander finden. Scheidungen kommen bei dieser Verbindung ausgesprochen selten vor.

Gemeinsame Hobbys führen dazu, daß man sich mehr und mehr angleicht. Auch berufliche Erfolge lassen sich erringen, da beide zielstrebig sind und ihre Pläne nur selten umwerfen.

Kinder aus dieser Ehe sind ausgeglichen, fröhlich, aber meistens auch starrköpfig. Sie wissen ganz genau, was sie wollen und machen ihren Eltern das Leben nicht gerade leicht. Sehr viel Toleranz ist erforderlich, um den in ihnen wohnenden Freiheitsgeist nicht zu sehr zu beschränken.

Der Krebs-Mann und die Jungfrau

Mißverständnisse sind in dieser Kombination sozusagen schon einprogrammiert. Der gefühlsbetonte und liebenswürdige Krebs-Mann fühlt sich zwar im ersten Moment zu der Jungfrau-Geborenen hingezogen, prallt dann jedoch entsetzt wieder zurück. Er sieht nämlich in ihr in erster Linie nur die äußere, meist spröde Schale. Es verletzt ihn, daß diese Frau ihm mit so viel Kühle und Distanz begegnet. Er fühlt sich auch in seiner männlichen Eitelkeit gekränkt, wenn seine Liebe nicht erwidert wird.

Erst wenn alle Mißverständnisse aus dem Weg geräumt werden konnten und der Krebs-Geborene erkennt, daß seine Jungfrau-Partnerin einen durchaus weiblichen, weichen und anschmiegsamen Kern hat, besteht eine reelle Chance, daß aus dieser Bindung etwas wird.

Dann nämlich begreift man auch, daß man sehr viel mehr Gemeinsamkeiten hat, als zunächst angenommen. Vor allen Dingen auf dem körperlichen Gebiet gibt es eine Reihe von Parallelen. Der sexuelle Appetit ist ähnlich gelagert, und beiden gemeinsam ist auch das Bedürfnis nach Geborgenheit, Wärme und Sicherheit. Da auch die Jungfrau-Geborene ein Mensch ist, der erst dann eine Beziehung für positiv hält, wenn sie auf gegenseitigem Verständnis beruht, fühlt sich der Krebs-Mann in ihrer Nähe meist recht wohl.

Die Chancen, daß diese Ehe von Bestand ist, können als günstig bezeichnet werden. Da diesen beiden Menschen gemeinsam ist, daß sie für ihre Ziele ringen und sich sehr mühsam alles erarbeiten, halten sie auch an dem, was sie erreicht haben, fest. Und das schließt ja eine Ehe schließlich ein.

Die von dem Krebs-Mann und der Jungfrau-Frau stammenden Kinder zeigen die Strebsamkeit und den Ehrgeiz der Mutter, sind aber nicht so spröde wie sie. Vom Vater übernehmen sie die ganze Palette der Gefühle und die heitere Liebenswürdigkeit. Sie sind damit gut ausgerüstet für ein auf Erfolg ausgerichtetes Leben.

Der Krebs-Mann und die Waage-Frau

Das ist eine komplizierte Geschichte. Im ersten Moment ist man füreinander Feuer und Flamme. Die heitere, stets zu einem Flirt und zur Liebe bereite Waage-Frau fasziniert den etwas behäbigeren Krebs, der jedoch unter diesem Einfluß ebenfalls heiterer und leichtlebiger wird. Es scheint also, als paßten die beiden hervorragend zusammen. Dann jedoch geschieht das Erstaunliche: Je länger man sich kennt und je enger man miteinander vertraut ist, desto größer ist die Wahrscheinlichkeit, daß die Waage-Frau ungewollt ihren Lebenspartner wieder und wieder verletzt.

Sie ist nun einmal die Frau, die ohne Flirten und die Bewunderung anderer Männer nicht auskommen kann. Sie lockt ihre männliche Umwelt mit den Augen, tut das jedoch in aller Unschuld. Für sie ist das nur ein heiteres Spiel. Dafür jedoch hat der Krebs-Partner nicht das geringste Verständnis. Es verletzt seine Eitelkeit, wenn er immer wieder erleben muß, daß sich seine Partnerin so ungeniert für andere Männer interessiert. Verzweifelt fragt er sich: Bin ich ihr nicht gut genug? Ist sie meiner schon wieder überdrüssig? Nur wenn es dem Waage-Mädchen gelingt, den Krebs in den entscheidenden Situationen immer wieder davon zu überzeugen, daß doch nur er in ihrem Herzen den wichtigsten Platz einnimmt, kann die Bindung weiterbestehen.

Kommt eine Ehe zustande, sind die gefährlichsten Klippen meist schon aus dem Weg geräumt. Dem Krebs-Mann dürfte es bis dahin gelungen sein, die allzu leichtlebige Ader seiner Waage-Dame ein wenig beeinflußt und sie auf den Pfad der Tugend geführt zu haben. Die Waage-Frau dagegen dürfte den Krebs-Mann dahingehend beeinflußt haben, daß er umgänglicher und geselliger und alles in allem fröhlicher geworden ist.

Gerade diese Fröhlichkeit ist es, die die aus dieser Ehe stammenden Kinder auszeichnet. Sie sind darüber hinaus vielseitig interessiert und aufgeschlossen für alles. Da sie auch sehr lebendig und sehr lebhaft sind, brauchen sie allerdings besondere Fürsorge, wenn sie nicht von einem Abenteuer ins andere plumpsen sollen. Ihre rasche Auffassungsgabe macht sie zu ausgezeichneten Schülern.

Der Krebs-Mann und die Skorpion-Frau

Grundverschieden sind diese beiden. Die Skorpion-Frau neigt dazu, alles zu bekritteln, und ähnlich wie die Jungfrau-Geborene an allem herumzunörgeln. Aber im Zusammensein mit dem Krebs passiert etwas Überraschendes: Diese an sich negative Eigenschaft wird – zumindest vorübergehend – völlig vergessen.

Die Liebenswürdigkeit dieses Partners macht die Skorpion-Geborene ebenfalls zu einer liebenswürdigen und liebenswerten Frau, die ihre ganzen positiven Eigenschaften an den Tag legt. So ist sie im Zusammensein mit ihrem Krebs-Mann sehr viel liebevoller als sonst, anschmiegsamer und zärtlicher. Auch kommt das Frauliche, das bei ihr sonst ein wenig im Hintergrund steht, weit mehr zum Tragen.

Es ist also unter diesen Vorzeichen nicht überraschend, daß aus einer anfänglichen lockeren Freundschaft sehr bald auf beiden Seiten so etwas wie ein große, dauerhafte Liebe werden kann. Ohne Klippen ist sie allerdings auch nicht. Im erotischen Bereich kommt es sehr leicht zu Mißverständnissen, da die Skorpion-Frau auf diesem Gebiet sehr fordernd ist und den Ton angeben möchte. Das jedoch paßt dem Krebs-Mann nicht immer. Er muß sich erst daran gewöhnen, daß auch bei der Liebe zwei die Musik machen.

Ist eine Ehe eingegangen worden, dann zeichnen sich während der ersten zwei, drei Jahre meistens erhebliche Auseinandersetzungen ab. Im gemeinsamen Alltag stellt man nämlich fest, daß beide Partner noch eine ganze Reihe von spitzen Seiten haben, die abgehobelt werden müssen. So wird dem Krebs-Mann beispielsweise auffallen, daß seine Skorpion-Frau jetzt doch beginnt, „zu stechen“. An allem hat sie etwas auszusetzen. Ist er jetzt nicht energisch genug, dann wird es dabei bleiben. Dann wird sie zu einer unzufriedenen, kritiksüchtigen Frau. Meistens jedoch gelingt es dem Krebs-Geborenen, der Partnerin diese Eigenschaften weitgehend abzugewöhnen. Solange er diese Frau mit sehr viel Liebe und Zärtlichkeit überhäuft und vor allen Dingen ihr immer wieder sagt, daß sie für ihn die wichtigste Person auf der Welt ist, läßt sich das alles noch ausbügeln.

Die eheliche Treue wird im allgemeinen großgeschrieben, Ehescheidungen sind recht selten. Gewöhnlich ist es der Krebs-Mann, der das Weite sucht. Er braucht wie kaum ein anderer inneren

Frieden. Und den kann er nur finden, wenn er sich in einer intakten, harmonischen Umgebung befindet.

Die Kinder aus dieser Bindung neigen leider dazu, von der Mutter die Kritiksucht zu übernehmen. Da sie jedoch auch die Gutmütigkeit des Vaters auf sich vereinen, gepaart mit seiner großen Hilfsbereitschaft, kann man sie dennoch gut leiden. Sie kommen im allgemeinen problemlos durchs Leben, sind gelehrig und ähnlich gefühlsbetont wie der Krebs-Mann.

Der Krebs-Mann und die Schütze-Frau

Die Schütze-Eva ist ein Ausbund an Temperament und Lebensfreude. Sie steckt selbst voller Unruhe, voller Abenteuerlust, aber auch Zwiespältigkeit. Sie ist eigensinnig und mitunter sogar rebellisch.

Anfangs steht der typische Krebs etwas hilflos vor dieser, ihn zwar faszinierenden, aber gleichermaßen auch ein wenig erschrekkenden Frau. Er weiß nicht so recht, wie er zu der Schütze-Dame Zugang finden soll. Er fragt sich, ob er ihr gewachsen ist und ahnt instinktiv, daß ein solches Persönchen in sein doch sonst immer so ruhiges, geordnetes Leben viel Unruhe und Aufregung hineintragen würde. Andererseits ist genau das der Punkt, der ihn schwach werden läßt. Welcher Mann sehnt sich nicht nach Aufregung und Abwechslung? Mit großer Wahrscheinlichkeit wird der Krebs-Mann so lange um das Schütze-Mädchen werben, bis dieses allen Widerspruchsgeist – zumindest vorübergehend – aufgibt und ihm in die Arme sinkt. Damit jedoch ist noch keineswegs alles gerettet.

Diese beiden Partner sind so grundsätzlich unterschiedlich, daß es immer wieder zu Reibereien kommt. Handfeste Auseinandersetzungen und Riesenszenen, die der Krebs-Geborene, von Natur aus friedlich, so haßt, sind an der Tagesordnung.

Es ist außerordentlich fraglich, ob nach all diesen anfänglichen Stürmen überhaupt eine Ehe eingegangen wird. Wird sie es doch, dann muß dem Krebs-Geborenen großer Mut und Optimismus bescheinigt werden. Zu seiner Überraschung erlebt er, daß die Schützin im Laufe der Ehe weicher, anschmiegsamer und weniger rebellisch wird. Sie sagt nicht mehr aus Prinzip zu allem, was er vorschlägt, nein und entpuppt sich als eine liebenswerte, außerordentlich zärtliche Partnerin. Da auch liegt jetzt die Gemeinsamkeit. Auch der Krebs-Geborene sucht gegenseitiges Verständnis, Freundlichkeit und die innige Liebe. Und die kann er durchaus bei dem anfangs so schwierigen Schütze-Mädchen finden. Überhaupt gilt: Je reifer diese beiden Partner sind, desto größer ist die Wahrscheinlichkeit, daß sie zusammen ein Dauerglück finden. Wurde die Bindung sehr früh eingegangen, spricht jedoch vieles dafür, daß sie bald in die Brüche geht. Im allgemeinen ist das Schütze-Mädchen nämlich dann noch nicht so weit, sich anzupassen und auch einmal unterzuordnen. Es wird so lange drängeln, bis der Krebs-Geborene freiwillig das Weite sucht.

Jungen und Mädchen aus dieser Ehe sind energiegeladene Temperamentbündel, die meistens der Mutter nachschlagen. Vom Vater haben sie die aufopfernde Hilfsbereitschaft, so daß sie trotz aller Neigung zu Auseinandersetzungen im Leben recht gut über die Runden kommen.

Der Krebs-Mann und die Steinbock-Frau

Hier haben sich zwei ideale Partner gesucht und gefunden. Wie kaum eine andere Frau hat sie Verständnis für all das, was der Krebs-Geborene sucht. Schon als junges Mädchen ist sie bereit, ihm Geborgenheit und Wärme, gepaart mit Liebe und Zärtlichkeit zu bieten. Da auch sie auf Sicherheit aus ist und fest auf dem Boden der Realität bleibt, sind dieser Bindung selbst dann gute Chancen einzuräumen, wenn sie sehr früh eingegangen wurde. Weitere Gemeinsamkeiten ergeben sich daraus, daß man sich auf erotischem Gebiet wunderbar ergänzt. Hier gibt es kaum Schwierigkeiten. In diesem Fall ist es sogar besonders gut, wenn die Bindung früh eingegangen wurde. Ein typischer Krebs-Geborener wird sehr schnell hellhörig, wenn er eine zu lebens- und liebeserfahrene Steinbock-Frau sein eigen nennt. Er fragt sich dann immer, woher sie all diese Tricks kennt, wer sie ihr beigebracht hat. Und das kann auf Dauer die Zweierbeziehung belasten.

Aber wie bereits gesagt, die Chancen für eine Ehe sind außerordentlich günstig. Man entdeckt viele gemeinsame Hobbys und im Alltagsleben einen gemeinsamen Nenner, den nämlich, es möglichst früh zu etwas zu bringen. So überrascht es die der Astrologie

Kundigen wenig, daß der Krebs-Mann und seine Steinbock-Frau schon sehr früh zum eigenen Häuschen kommen, ihren eigenen Grund und Boden und eine solide Stellung im Berufsleben erreicht haben.

Diese nach Sicherheit strebenden, erfolgsbewußten Menschen haben im allgemeinen Kinder, denen es nicht anders geht. Jungen und Mädchen beginnen schon im Kindesalter damit, sich einen festen Platz in der Spielgemeinschaft zu erobern. Sie scheinen auf einem vorgezeichneten Weg zu wandeln, an dessen Ende der Erfolg steht. Sie sind liebenswürdig und charmant, allerdings mitunter etwas ängstlich.

Der Krebs-Mann und die Wassermann-Frau

Hoppla, jetzt wird es heiß! Kaum eine andere Frau kann den Krebs-Geborenen so faszinieren und in ihren Bann schlagen, wie die Wassermann-Dame. Das knistert auf der ganzen Linie. Der arme Krebs-Geborene weiß im ersten Moment kaum, wie ihm geschieht. Er hat doch die Wassermann-Frau gerade erst kennengelernt. Er glaubt doch gar nicht an die berühmte Liebe auf den ersten Blick. Wieso steht er dann sofort in Flammen? Er kann sich aber gegen diese erotische Anziehungskraft nicht wehren. Hilflos ist er ihr ausgeliefert. Und er ist es gern.

Diese übergroße erotische Anziehungskraft, die von der Wassermann-Geborenen ausgeht, ist aber leider die beinahe einzige Stärke, die diese Frau in den Augen des Krebses hat. Im gemeinsamen Alltag stellt sich nämlich schnell heraus, daß es schwer ist, einen gemeinsamen Nenner zu finden. Die phantasiebegabte, verträumte Wassermann-Frau bringt wenig Verständnis für das Sicherheitsstreben ihres Partners auf. Ihr sind Amüsement und ein locker-leichtes Leben viel wichtiger, als schon früh ein eigenes Haus oder auch nur eine eigene schöne Wohnung zu haben. Der Krebs-Geborene sieht darin eine gewisse Verantwortungslosigkeit. Immer wieder wird es gerade wegen dieser Punkte zu Auseinandersetzungen kommen. Wenn eine Ehe schon zustande gekommen ist, könnte sie sogar daran scheitern. Das ist jedoch nur in ungefähr fünf Prozent aller Fälle zutreffend.

Ebenfalls gefährdet ist diese Bindung, wenn die erotische Ausstrahlungskraft der Wassermann-Geborenen eines Tages nachläßt. Dann nämlich fragt sich der Krebs enttäuscht, was diese Frau ihm jetzt noch bedeuten kann. Da er im allgemeinen wenig Verständnis hat für ihre Seele, gibt es bald kaum noch etwas, was diese beiden Partner verbindet.

Die aus dieser Ehe stammenden Kinder vereinen meistens die verträumte, ein wenig lebensfremde Ader der Mutter mit der Zielstrebigkeit des Vaters. Das macht sie zu komplexen, schwierigen kleinen Persönlichkeiten, die oft selbst nicht wissen, in welches Lager sie sich schlagen sollen. Sie brauchen ganz besonders viel Zuwendung und liebevolle Hilfe, wenn sie sich im Leben zurechtfinden sollen.

Der Krebs-Mann und die Fische-Frau

Dieser Bindung kann weit unbedenklicher zugestimmt werden, als einer Ehe zwischen Krebs-Mann und Wassermann-Frau. Die frische Fische-Frau – das ist für den Krebs eine verwandte Seele. Man versteht sich auf Anhieb und ist einander auch sofort sympathisch. Daraus entwickelt sich sehr schnell eine innige Herzlichkeit, gekoppelt mit großer Kameradschaft. Das ist schon eine gute Basis für ein späteres Glück.

Überhaupt muß gesagt werden, daß die Liebe zwischen einem Krebs-Mann und einer Fische-Frau um so größer ist, je länger sich die beiden kennen. Jeden Tag entdeckt man neue Gemeinsamkeiten, neue Faszinationen beim Partner. Man sucht und findet beieinander Geborgenheit und ist gemeinsam darum bemüht, immer wieder an dem Glück zu basteln und es zu erhalten. Und das gelingt auch in über neunzig Prozent aller Fälle hervorragend.

Die Ehe zwischen einem Krebs-Mann und einer Fische-Frau zeichnet sich dadurch aus, daß sie fast immer mit jedem Jahr ein wenig besser wird. Anfängliche Schwierigkeiten sind überwunden; das Fischlein dürfte seine Überängstlichkeit abgelegt und darüber hinaus aufgehört haben, sich zu munter auch in den Armen anderer zu tummeln. Der Krebs-Geborene wird an der Seite dieser fröhlichen, heiteren Frau etwas von seiner Launenhaftigkeit verloren haben, so daß jetzt die Weichen für noch größere Harmonie gestellt sind.

Heiter, fröhlich, lustig und unkompliziert, das sind die Charaktereigenschaften der aus dieser Ehe hervorgehenden Kinder. Sie sind manchmal ein wenig lebensfremd und ein wenig ängstlich, finden sich aber doch einigermaßen zurecht, immer vorausgesetzt natürlich, daß sie in ihrem Elternhaus jene Bewunderung und jene Wärme finden, die sie brauchen.

Der Krebs-Mann und die Widder-Frau

Auf den ersten Blick scheint man sich gut zu verstehen. Der Krebs erkennt das solide, zielstrebige und starke Element in der Widder-Frau an. Er sieht in ihr eine Partnerin, die ihm gewachsen ist und kann sich eine gemeinsame Zukunft sehr gut vorstellen. Er kann sich aber in dieser Beziehung getäuscht haben. Die echte Widder-Frau ist eine Spur zu selbstbewußt, zu stark, um dem Krebs-Geborenen eine ideale Frau zu sein. Es gibt allerdings auch Anziehungspunkte und Gemeinsamkeiten, zum Beispiel auf sexuellem Gebiet. Da verstehen sich diese beiden Partner prächtig. Sie stellen sogar zu ihrer großen Freude fest, daß sich die Liebe bei ihnen keineswegs abnutzt, sondern eher noch vertieft – aber nur die erotische.

Sehr häufig werden Ehen zwischen diesen beiden Partnern nicht eingegangen. Meistens hat der Krebs-Geborene rechtzeitig erkannt, daß ihm seine Widder-Partnerin zu viele Nüsse zu knacken geben würde, als daß er an ihrer Seite ein Leben lang glücklich sein könnte. Er läßt also die Finger von ihr. Kommt es aber doch zu einer Ehe, dann häufen sich nicht selten die Schwierigkeiten. Die Widder-Frau ist nicht bereit, auch nur um einen Millimeter zurückzuweichen, wenn es darum geht, ihrem Krebs-Partner eine bessere Position einzuräumen. Sie will die erste Geige spielen und alle wichtigen Entscheidungen allein treffen.

Der gutmütige Krebs-Geborene läßt sich das meistens eine ganze Zeit lang gefallen. Irgendwann jedoch wird er erkennen, daß er für seine Widder-Partnerin nicht viel mehr als ein Spielzeug ist. Verständlicherweise rebelliert er dann. Wenn es dann nicht schon zu spät ist, wenn er seine Partnerin tatsächlich noch beeinflussen und ändern kann, wird aus dieser Ehe doch noch etwas. Sehr gut stehen die Chancen jedoch nicht.

Eine Steinbock-Frau und ein Krebs-Mann mauern fleißig an ihrem Glück

Ähnlich schwierig wie die Ehe der Eltern sind mitunter auch die daraus hervorgehenden Kinder. Sie vereinen die Willensstärke und Durchsetzungskraft der Mutter mit der Gutmütigkeit des Vaters und sind somit in sich selbst widersprüchlich. Sie brauchen sehr viel Zuwendung und Verständnis, wenn aus ihnen keine Problemkinder werden sollen. Vor allem die Erstgeborenen neigen dazu, sich im Leben nur schlecht zurechtzufinden, wenn ihnen nicht von der Umwelt besonders viel Verständnis entgegengebracht wird.

Der Krebs-Mann und die Stier-Frau

Das ist wieder einmal eine ideale Partnerin für den Krebs-Geborenen. Es ist auffallend, wie viele Gemeinsamkeiten diese beiden von Anfang an haben. Beide streben nach Sicherheit, wollen früh ihr eigenes Nest haben und sich geborgen fühlen. Beiden ist bei der Liebe das gegenseitige Verständnis, das große Vertrauen wichtiger, als die reine Körperlichkeit. Dabei überrascht es dann, daß gerade der Krebs-Geborene und die Stier-Frau auf sexuellem Gebiet hervorragend harmonieren.

Da das Naturell dieser beiden Sternzeichen-Vertreter so parallel gelagert ist, ergeben sich automatisch weitere Gemeinsamkeiten, gemeinsame Hobbys und Ziele. Während fast allen anderen Ehepaaren davon abgeraten werden muß, einer gemeinsamen Arbeit nachzugehen, weil das eine Belastung der Beziehung ist, kann dem Krebs-Mann und der Stier-Frau genau das empfohlen werden. Sie sind ideal als Gastwirtsehepaar, als Hotelbesitzer, als Forschungsteam, als Ladenbesitzer. Da sie sich so großartig ergänzen und verstehen, kommt es auch dann nicht zu Reibereien, wenn sie den ganzen Tag zusammen sind.

Die Ehe zeichnet sich durch eine langjährige, dauerhafte Harmonie und großes gegenseitiges Verstehen aus. Es fehlen ihr allerdings auffallende Höhen und Tiefen. Gleichbleibend freundlich, aber auch ein klein wenig eintönig ist dieses gemeinsame Leben. Finanzielle Erfolge stellen sich dafür schon recht früh ein, weil die Zielstrebigkeit dieser beiden Menschen einen idealen Hintergrund für den Aufbau eines eigenen Betriebes darstellt.

Die aus dieser Ehe hervorgehenden Kinder sind ähnlich zielbewußt und gefühlsbetont wie ihre Eltern. Sie sind empfindsame, sehr aufnahmebereite Wesen, die unbedingt gefördert werden sollten. Gerade in ihnen schlummern nicht selten besondere Talente, die geweckt werden müssen, wenn sie zum Tragen kommen sollen.

Der Krebs-Mann und die Zwillinge-Frau

Der Außenstehende möchte meinen, daß sich hier eine ideale Beziehung aufbauen läßt. Der ein wenig zur Launenhaftigkeit neigende Krebs-Geborene müßte doch eigentlich – so denkt man – sehr viel Verständnis haben für die Dualität der Zwillinge-Eva. Weit gefehlt. Man reibt sich an der scheinbaren Ähnlichkeit auf. Sinkt der Krebs-Geborene von einer Stimmung in die andere, dann fällt auch die Zwillinge-Eva von einem Extrem ins andere. Was dabei übrigbleibt? Zwei mit sich und der Umwelt nicht zufriedene, überforderte Menschen, die verzweifelt versuchen, einen gemeinsamen Nenner zu finden. Gemeinsam zur Ruhe kommen sie jedoch nicht. Sie verstehen einander nur so lange, wie es um die gemeinsame Vorliebe für verfeinerte Erotik geht. Das ist überhaupt der Grund, warum es zu Bindungen zwischen diesen beiden Partnern kommt. Die sexuelle Anziehungskraft ist gegenseitig und überdurchschnittlich groß. Sie führt dazu, daß man die ursprünglichen Bedenken vergißt und es doch mit diesem Partner versucht.

Die allergrößten Schwierigkeiten tauchen erst auf, wenn es zu einer Ehe gekommen ist. Im gemeinsamen Alltag stellt man fest, daß die entscheidenden Pläne und Ziele ganz unterschiedlich sind. Die Zwillinge-Frau hat wenig Verständnis für den Wunsch ihres Partners, sich Geborgenheit zu schaffen, Geborgenheit um jeden Preis. Ihr ist es wichtiger, daß man seinen Platz in der Gesellschaft findet, daß man gute Freunde um sich versammelt und daß das Alltagsleben eine heitere Note trägt. Nur wenn man hier zu Kompromissen bereit ist, lassen sich die Gegensätzlichkeiten überbrücken. Am günstigsten und leichtesten ist es noch immer, wenn die Ehe erst in späteren, reiferen Jahren eingegangen wurde.

Sind Kinder aus der Bindung hervorgegangen, so scheinen sie mehr das Naturell der Mutter zu haben. Sie sind quicklebendig, an Äußerlichkeiten interessiert, sehr lebhaft, von rascher Auffassungsgabe und von liebenswerter Quirligkeit. Daß sie vom Vater eine gewisse Gutmütigkeit übernommen haben, zeigt sich meistens erst in den späteren Jahren.

Der Krebs-Mann und die Krebs-Frau

Gesucht und gefunden? Nicht unbedingt! Ein Zuviel an Gemeinsamkeiten muß nicht immer positiv sein. Es kann auch dazu führen, daß man sich gegenseitig langweilt. Trifft ein Krebs-Mann eine Vertreterin seines eigenen Sternzeichens, dann erkennt er sehr schnell die Seelenverwandtschaft und neigt dazu, aufkeimende Sympathie für die große Liebe zu halten. Der Krebs-Frau ergeht es nicht anders. Auch sie erkennt sofort das Solide des Partners, seine Bodenständigkeit, seinen Eifer, es schnell zu etwas zu bringen, und seine große Liebenswürdigkeit. Man ergänzt sich sowohl auf geistigem wie auf körperlichem Gebiet. Es ist daher nicht überraschend, daß es sehr oft und auch schon sehr früh zur Ehe zwischen Krebs-Mann und Krebs-Frau kommt. Doch was so schön begann, wird jetzt oft schwierig. Der Alltag gestaltet sich keineswegs so harmonisch, wie diese beiden Partner gedacht hatten.

Sehr früh stumpft das Erotische der Beziehung ab. Man ist nur noch vereint durch das gemeinsame Besitzstreben und den Wunsch, es sich zu Hause so bequem und gemütlich wie möglich zu machen. Da jedoch lauert die Gefahr: man macht es sich zu bequem, zu einfach. Es gibt keine Höhen und Tiefen mehr, wenig Abwechslung, wenig Erregendes. Nur wenn beide Partner bereit sind, sich mit einer sehr schnell zur Routine gewordenen Beziehung abzufinden, kann die Ehe auf Dauer bestehen. Ausgesprochen unglücklich ist sie ja nicht, lediglich etwas langweilig. Anspruchsvolle Krebse werden wahrscheinlich aussteigen, weniger anspruchsvolle ausharren.

Überraschenderweise sind die daraus hervorgehenden Kinder meistens keine typischen Krebse. Sie haben nicht die Eigenschaften der Eltern, sondern sind ausgesprochene Individualisten. Da ihnen im Elternhaus ständig vorgelebt wird, daß der Besitz so wichtig ist, neigen sie nicht selten dazu, andere Ansichten zu vertreten. Sie könnten beispielsweise zu solchen Menschen heranwachsen, denen nichts so wichtig ist wie die eigene Freiheit.

Der Krebs-Mann läßt sich gern von seiner Frau verwöhnen

So toll ist der Krebs-Mann, wenn er liebt

In der Liebe ist er ein Dauerbrenner. Er gehört nicht zu jenen Männern, die sich ständig mit neuen Vertreterinnen holder Weiblichkeit schmücken müssen, nur um sich stark zu fühlen. Der echte Krebs-Geborene hat es dabei leichter als die anderen Sternzeichen-Vertreter, Frauen für sich zu interessieren. Sie erkennen auf den ersten Blick, daß sie es hier mit einem Mann zu tun haben, der nicht spielt, sondern der sie ernst nimmt, und das schmeichelt natürlich ihrer weiblichen Eitelkeit.

Ein hervorragender Liebhaber ist der Krebs-Geborene. Er ist ausdauernd, erfinderisch und phantasievoll. Da ihm gegenseitiges Verständnis und Einfühlungsvermögen ganz besonders wichtig sind, kann er sich besser als die meisten anderen Menschen ganz auf seine Partnerin einstellen. Er ahnt, was sie sich wirklich ersehnt, und er erfüllt ihr die geheimsten Wünsche. Es ist daher nicht überraschend, daß es kaum eine Frau gibt, die einen Krebs-Geborenen freiwillig wieder aufgibt, nachdem sie mit ihm die Liebe kennengelernt hat.

Frustrierend ist eine Liebesbeziehung zu einem Krebs-Geborenen manchmal trotzdem. Sehr früh begreift die Partnerin, daß sie diesen Mann nie ganz wird erobern können. Er wird immer er selbst bleiben; er läßt sich einfach nicht besitzen. Das jedoch macht er wett durch seine Gutmütigkeit und Liebenswürdigkeit. Daß er mitunter von einer Laune in die andere stürzen kann, ohne Grund und ohne Übergang, das ist etwas, was man als seine Partnerin in Kauf nehmen muß. Es ist jedoch, auf das sexuelle Gebiet übertragen, keineswegs immer von Nachteil, bringt es doch in die intime Beziehung Abwechslung und Aufregung hinein.

Ein so auf Sicherheit und Stabilität ausgerichteter Mann wie der Krebs ist auch in der Liebe außerordentlich beständig. Die Treue wird ganz besonders groß geschrieben. Es versteht sich von selbst, daß der Krebs sie auch von seiner Partnerin verlangt.

Krebs-Männer haben eine weitere Fähigkeit, mit der sie die Herzen der Frauen erobern können: Sie sind ausgesprochen großzügig. Da sie es im Leben meistens schon sehr früh zu beruflichem Erfolg bringen, können sie es sich leisten, die Dame ihres Herzens mit Geschenken zu überraschen. Sie lassen sich dabei immer etwas einfallen, von dem sie wissen, daß es der Partnerin auch wirklich Freude macht.

Der verliebte Krebs legt seine Launenhaftigkeit weitgehend ab. Er schwebt über den Wolken, ohne dabei unrealistisch zu werden, und verfällt nur ausgesprochen selten in Depressionen. Letzteres eigentlich nur, wenn er in der Liebe enttäuscht wird, und das passiert ihm recht selten. Er ist übrigens sehr anspruchsvoll. Seine Lebensdevise, daß er immer und überall der Erste und der Beste sein muß, macht nicht im Schlafzimmer halt. Ganz im Gegenteil, auch hier bietet und verlangt er Ungewöhnliches.

Während sehr viele Männer, wenn sie erfolgreich sind, die beruflichen Belange über die privaten stellen und dann für die Liebe keine Zeit mehr finden, ist der Krebs-Mann auch dann noch ein ausgezeichneter Liebhaber, wenn er die Erfolgsleiter bereits erklommen hat. Auch wenn er im Rampenlicht der Öffentlichkeit steht, ziert er sich gern mit einer hübschen Frau. Daß er einen guten Geschmack hat, merkt man in erster Linie an seiner Partnerin.

Das ist die Partnerin, die der Krebs-Mann braucht

Für einen echten Krebs hat die Liebe sehr viel mit Sicherheit zu tun, aber auch mit Freundlichkeit, Freundschaft, Sympathie und Zärtlichkeit. Daher braucht dieser Mann eine Partnerin, die ein liebevolles, verständnisvolles Wesen hat und ihn in seiner ganzen Komplexität akzeptiert.

Er sucht eine Partnerin, die über zum Teil mütterliche Gefühle verfügt und ihm Geborgenheit schenkt, die er braucht, um sich wohlzufühlen. Der Krebs-Geborene sehnt sich nach einer Frau, die weichherzig ist, entgegenkommend und tolerant. Er braucht einen fröhlichen Menschen um sich, damit er, wenn er sein Tief hat, wieder aufgeheitert werden kann. Mit einer launenhaften Frau kann er nichts anfangen. Das würde ja nur bedeuten, daß man gemeinsam alle Höhen und Tiefen der Gefühle durchmacht und sich aneinander aufreibt. Viel besser ist für ihn eine ausgeglichene, gefestigte Person, die über genug Verstand verfügt, um nicht jede Gefühlsschwankung ihres Partners hundertprozentig ernst zu nehmen.

Der Krebs braucht für sein berufliches Fortkommen eine ebenso verständnisvolle wie tolerante Frau. Er ist ein Typ, der so sehr an seiner beruflichen Karriere interessiert ist, daß er darüber mitunter die häuslichen Belange ein wenig vernachlässigt. Es kann also durchaus passieren, daß er während der entscheidenden Jahre des Aufbaus die Abende mehr in der Firma als zu Hause verbringt. Eine Frau, die an seiner Seite glücklich sein möchte, sollte dafür Verständnis aufbringen.

Eine kluge Partnerin – das ist auch für den Krebs-Geborenen wichtig. Die Tiefe seines Verstandes, die Vielfalt seiner Interessen und die Intensität, mit der er sich neuen Dingen widmet, führen dazu, daß er sich mit einer oberflächlichen, ungebildeten Frau nicht zufrieden gibt. Er sucht den Gedankenaustausch, die Anregung, das gemeinsame Gespräch. Er wünscht sich eine Partnerin, die voll und ganz hinter ihm steht und ihm hundertprozentig treu ist. Untreue würde für den Krebs-Geborenen das Ende der Liebe bedeuten. So etwas könnte er weder verstehen noch verzeihen. Andererseits ist für ihn das Auseinanderbrechen einer Gemeinschaft, die schon lange bestanden hat, entsetzlich. Eine Ehescheidung verkraftet der unter diesem Sternzeichen Geborene ganz besonders schlecht. Alles, was man in den gemeinsamen Jahren aufgebaut hat, nun aufgeben zu müssen, tut ihm entsetzlich weh. Daher gibt es unter den Ehen mit einem Krebs-Mann doch recht viele, die auch dann noch weitergeführt werden, wenn sie bereits zur Routine geworden sind, wenn die Zweierbeziehung nicht mehr stimmt. Der Krebs-Geborene nimmt das lieber in Kauf als eine absolute Trennung und eine Teilung seines Besitzes.

Er braucht eine Partnerin, die großzügig genug ist, um ihm auch seine Freiheiten zu lassen. Er braucht Spielraum, um sich entfalten zu können. Er braucht das Bewußtsein, nicht angebunden zu sein, und beantwortet das damit, indem er seine Partnerin auch nicht festbindet.

Er braucht schließlich und endlich an seiner Seite eine Partnerin, die dafür sorgt, daß sein nicht immer ganz intaktes Selbstbewußtsein aufgerichtet wird. Eine Frau, die einem Krebs-Geborenen immer wieder sagt, daß er der Größte und Beste ist und daß sie ihn von Herzen bewundert, ist genau das Richtige für den Vertreter dieses Sternzeichens.

Sind Sie anfällig für die Verlockungen des schwachen Geschlechts?

Ein leichtsinniger, mit der Liebe spielender und die Frau nicht ernst nehmender Typ ist der Krebs-Geborene gewiß nicht. Vielmehr neigt er mehr als die meisten anderen Männer zur Monogamie und dazu, an der bestehenden Beziehung zu arbeiten, um sie zu erhalten.

Dauerhaftes Glück ist ihm im allgemeinen wichtiger als ständige sexuelle Abwechslung. Auch ist er ein Mann, der dafür sorgt, daß seine intime Beziehung zu der von ihm geliebten Frau immer wieder neue Impulse erhält. So schafft er sich die für ihn nötige Abwechslung in den eigenen vier Wänden. Hinzu kommt, daß seine Liebesbeziehung im allgemeinen getragen wird von großem gegenseitigen Verständnis und Vertrauen. Das bedeutet, daß auf beiden Seiten die Bereitschaft nur selten vorhanden sein dürfte, den Partner zu betrügen oder gar die Bindung zu lösen.

Bevor es überhaupt zu einem Seitensprung kommt, müssen eine ganze Reihe von Situationen eingetreten sein, die den Krebs-Geborenen verleiten könnten, seinen Prinzipien untreu zu werden.

Und Sie als Krebs-Mann? Sind Sie eigentlich gegen die Versuchungen und Verlockungen des schwachen Geschlechts gefeit? Können Sie sich unbefangen mit einer charmanten Frau unterhalten, ohne gleich daran zu denken, sie einmal in den Armen zu halten? Testen Sie das doch einmal!

Punkt Nr. 1: Untreue der Partnerin

Von einer Frau, die er liebt, betrogen zu werden, ist für den Krebs entsetzlich. Eine Welt bricht für ihn zusammen. Alles, an das er bisher geglaubt hat, stimmt jetzt nicht mehr. Er ist verzweifelt und ohne jeden Halt. In dieser Situation kann es durchaus passieren, daß er sich bei einer anderen Frau diesen verlorenen Halt sucht.

Er wendet sich dann meistens an eher mütterliche, reifere Wesen, die ihm das Gefühl der Geborgenheit vermitteln und in ihm den verletzten Jungen sehen, der jetzt besonders viel Verständnis braucht. Meistens wird aus einer solchen Beziehung zwar kein zweites Dauerglück, aber sie hält doch über einen längeren Zeitraum an, weil der Krebs lange braucht, bis er den Tiefschlag überwunden hat und in dieser Zeit auf die neue Partnerin schwer verzichten kann.

Punkt Nr. 2: Mangelnde Geborgenheit

Sie ist ihm doch so wichtig, diese Geborgenheit. Der Krebs braucht das Gefühl, bei einer Frau wirklich zu Hause zu sein. Da in ihm mehr als in den Vertretern der anderen Sternzeichen immer noch ein bißchen von dem kleinen Jungen steckt, braucht er ein zu Hause, in dem er Wärme findet und Verständnis. Ist seine Zweierbeziehung aber schon zu einer Routine erkaltet, die mit Geborgenheit nichts mehr zu tun hat, dann fühlt sich der Krebs-Mann halt- und hilflos. Ohne es direkt zu planen, sucht er dann die Nähe einer anderen Frau, bei der er glaubt, diese verlorene Geborgenheit zu finden. Auch in diesem Fall sind es wieder die mütterlichen Typen, an die er sich hält. Ein solcher Seitensprung kann der existierenden Ehe durchaus gefährlich werden. Ist die neue Frau nämlich etwas warmherziger und liebevoller, dann macht sie der ursprünglichen Partnerin durchaus Konkurrenz. Wenn jetzt nicht an der Ehe gearbeitet wird, dann zeichnet sich das Ende ab.

Punkt Nr. 3: Seelische Depressionen nach Mißerfolgen

Der Krebs ist ein Mann, der den Erfolg sucht und von ihm lebt – und zwar nicht nur den beruflichen, sondern auch den bei Frauen. Wird ihm dieser versagt, dann verzweifelt er an sich selbst. Folgende Situation kann eintreten: Der erfolgsgewohnte, erfolgsbewußte Krebs-Geborene hat berufliches Pech und sieht nun all das, was er sich erarbeitet hat, zusammenbrechen. Das stürzt ihn in ein großes seelisches Tief, eine Art Weltuntergangsstimmung, in der ihm schon beinahe alles egal ist.

Hat er nun keine verständnisvolle Partnerin, die diese Stimmung aufzufangen und auszugleichen weiß, wird er sich mit ganz großer Sicherheit an eine andere Frau wenden, die dazu in der Lage ist. Er braucht Hilfe, braucht menschliche Wärme. Wie ein schutzsuchendes Tier möchte er unter irgendwelche Fittiche genommen werden.

Diese Situation ist außerordentlich gefährlich für die existierende Ehe. Wenn der Krebs-Geborene nämlich merkt, daß er in Krisenzeiten meistens allein ist, dann erkennt er, daß seine Zweierbeziehung nicht mehr in Ordnung ist. Kein Wunder also, daß er sich bereits nach einer neuen Bindung umsieht.

Punkt Nr. 4: Abweisende Haltung

Krebs-Geborene brauchen die Bewunderung ihrer Partnerin, um als Liebhaber und Menschen seelisch über die Runden zu kommen. Komplimente, Ermutigungen und mitunter Trost bedeuten ihnen viel. Wird ihnen das versagt, dann sind sie sehr viel anfälliger für die Verlockungen des schwachen Geschlechts als normalerweise. Sie sehnen sich nach Bewunderung, nach Anerkennung. Ahnen sie, daß sie beides woanders erhalten würden, dann werden sie zielstrebig versuchen, diese neue Frau zu erobern.

Meistens bleibt es aber nur bei einer flüchtigen Liebesbeziehung, die nicht besonders lange anhält. Dem Krebs sind Heim und Familie so wichtig, daß er die Episode meist rasch wieder beendet und reumütig in den Schoß der Familie zurückkehrt.

Tolerieren Sie stets die Launen Ihrer Krebs-Frau!

Punkt Nr. 5: Verletztes Selbstwertgefühl

Wenn die Liebe eines Krebses mit Füßen getreten wird, wenn eine Frau seine Zärtlichkeit nicht mehr haben möchte und wenn sie ihn spüren läßt, daß er für sie nicht mehr besonders wichtig ist, dann kann der Krebs nicht anders: Um sein verletztes Selbstwertgefühl wieder aufzurichten, muß er die Bestätigung durch eine andere Frau haben, wenn er nicht zerbrechen will. In einer solchen Situation sucht er sich meistens eine besonders junge, noch unerfahrene, aber sehr anschmiegsame Partnerin, die kritiklos zu ihm aufsieht und sein Ego pflegt. Von Dauer sind diese Abenteuer meistens nicht, weil sehr junge Mädchen die Komplexität des Krebs-Geborenen noch nicht verstehen können und auch mit seiner Launenhaftigkeit nicht fertig werden.

Punkt Nr. 6: Unkontrollierbare Faszination

Im allgemeinen passiert das dem normalen Krebs-Geborenen nur selten. Er ist ein beherrschter Mann, der sich und seine Gefühle einigermaßen zu kontrollieren weiß und der sich nicht blind zu einem Abenteuer hinreißen läßt. Aber es kann passieren. Es kann passieren, daß ihm eine Frau begegnet, die ihn auf der ganzen Linie dermaßen fasziniert und so energisch in ihren Bann zieht, daß er ihr hilflos ausgeliefert ist. Fast kann man in diesem Zusammenhang von einer sexuellen Hörigkeit sprechen. Sie ist gefährlich – und zwar nicht nur für den Krebs-Geborenen selbst, sondern auch für seine Ehe. Er tut sich nämlich besonders schwer, jemals wieder von einer solchen Frau zu lassen. Er, der doch sonst nur auf Sicherheit und alles Beständige ausgerichtet ist, ist in einem solchen Moment bereit, beinahe alles aufs Spiel zu setzen.

Aus dieser durchaus schwierigen Situation kommt er am besten dann wieder heraus, wenn er eine Partnerin hat, die ihm mit sehr viel Verständnis und Liebe begegnet und die ihm keine Vorwürfe macht, die ohnehin nichts nützen würden.

Der Krebs und seine Karriere

Der Krebs als Arbeitgeber

Von Natur aus ist der Krebs ein hervorragender Geschäftsmann. Sein gutes Gedächtnis hilft ihm, sich die Namen seiner Mitarbeiter und aller Leute, mit denen er beruflich zu tun hat, zu merken. Außerdem liegen ihm Berufe wie Hotelier, Lehrer, Historiker und Architekt.

Am besten ist für ihn eine Position in einer größeren Gesellschaft mit guten Zukunftsaussichten. Krebs-Geborene sind keine Traumtänzer. Sie wissen ganz genau, daß sie nicht von allein und über Nacht reich werden können. Schon früh ist ihnen klar, daß sie, wenn sie etwas erreichen wollen, hart dafür arbeiten müssen. Das tun sie mit aller Konsequenz. Es ist daher kein Wunder, daß es gerade unter diesen Tierkreiszeichen-Vertretern sehr viele Menschen gibt, die in die Position des Arbeitgebers aufsteigen können.

Wenn der Chef ein Krebs-Geborener ist, sollte man sich als sein Angestellter immer vergegenwärtigen, daß er gesteigerten Wert auf Loyalität legt. Er ist ein instinktiv denkender Mensch, der sich mitunter ganz auf sein Gefühl verläßt – und das gilt auch im Umgang mit seinen Mitarbeitern. Sagt ihm sein Unterbewußtsein, daß ein Angestellter sich nicht der Routine der Firma anpassen wird, daß er das Betriebsklima verschlechtern könnte oder daß er schließlich den an ihn gestellten Anforderungen nicht gerecht werden würde, dann spricht der Krebs-Geborene leichten Herzens die Kündigung aus. Er pflegt nicht lange zu fackeln.

Andererseits verläßt er sich aber auch dann auf seine Instinkte, wenn er glaubt, einen Menschen vor sich zu haben, der unter ihm Karriere machen kann und der Überdurchschnittliches zu leisten vermag. Einen solchen Angestellten unterstützt er nach allen

Regeln der Kunst und baut ihn systematisch auf. Er hat sehr viel Verständnis für die persönlichen Belange seiner Mitarbeiter und interessiert sich auch für deren Privatleben, allerdings ohne dabei neugierig zu werden. Er wird seine Mitarbeiter immer dadurch überraschen, daß er ganz genau über die familiäre Situation Bescheid weiß.

Da er selbst von Natur aus sentimental und familienverbunden ist, hat er jederzeit Verständnis dafür, wenn man mit der Bitte zu ihm kommt, wegen eines Kindergeburtstags zwei Stunden früher nach Hause zu wollen. Der Krebs-Arbeitgeber wäre der letzte, der diesem Wunsch nicht stattgeben würde.

Da er selbst außerordentlich zielstrebig ist und in geschäftlichen Dingen einen großen Überblick hat, bevorzugt er Menschen, die sich ebenfalls nicht verzetteln und die geradlinig ihre Aufgaben erledigen. Wenig Verständnis hat er für Unpünktlichkeit, Unordentlichkeit und eine zu starre Haltung, wenn es darum geht, durch eine schnelle Entscheidung einen Auftrag ins Haus zu holen.

Zehn wichtige Verhaltensregeln im Umgang mit dem Krebs-Boß

Punkt Nr. 1: Wenn Ihr Krebs-Boß sein Märtyrer-Gesicht trägt, sollten Sie sich nicht davon irritieren lassen. Erstens legt sich diese Stimmung von allein wieder, und zweitens sind Sie am besten beraten, wenn Sie ihm verständnisvolle Sympathie entgegenbringen, ohne jedoch erforschen zu wollen, was ihm so die Suppe versalzen hat.

Punkt Nr. 2: Merken Sie sich immer die wichtigen Daten seines persönlichen Lebens und überraschen Sie ihn dann mit dem entsprechenden Glückwunsch. Dieser Chef freut sich darüber, wenn Sie sogar seinen Hochzeitstag wissen.

Punkt Nr. 3: Vergessen Sie nie, daß er ein ausgesprochener Familienmensch ist, der erwartet, daß seine Angestellten über die Ehe genauso denken wie er. Sollten Sie zufällig andere Meinungen vertreten, dann behalten Sie sie vorsichtshalber für sich.

Punkt Nr. 4: Prahlen Sie in seiner Gegenwart niemals mit Eroberungen, die Sie gemacht haben. Dafür hat er nicht das geringste Verständnis.

Punkt Nr. 5: Machen Sie nicht nur ihm hin und wieder ein freundliches Kompliment, sondern beziehen Sie auch seine Frau mit ein. Das fällt bei ihm immer auf fruchtbaren Boden.

Punkt Nr. 6: Versuchen Sie, wenn Sie die Möglichkeit haben, aus seinem Büro einen möglichst gemütlichen Raum zu machen. Das wird er unbedingt zu schätzen wissen.

Punkt Nr. 7: Weisen Sie ihn nicht darauf hin, daß sein jüngster Vorschlag bereits vor geraumer Zeit als Vorschlag von einem anderen Mitarbeiter gekommen ist.

Punkt Nr. 8: Zeigen Sie sich nie irritiert, auch wenn er an manchen Tagen noch so langsam ist.

Punkt Nr. 9: Vermeiden Sie romantische Beziehungen in der Firma. Der Krebs-Chef wünscht zumindest hier die Trennung von Beruf und Privatleben.

Punkt Nr. 10: Nehmen Sie nicht jedes Wort, das von Ihrem Krebs-Chef kommt, für bare Münze. Wenn er über allen Wolken schwebt und sich ganz begeistert über Sie und Ihre Arbeit äußert, dann kann das genauso eine Laune sein wie die tiefe Depression, unter der Sie wenige Tage zuvor gelitten haben.

Flirten Sie nie mit Ihrem Krebs-Chef!

Der Krebs als Angestellter

Obwohl der Krebs-Geborene eine anpassungsfähige Persönlichkeit ist, fällt es ihm nicht immer leicht, ohne Schwierigkeiten eine neue berufliche Position zu übernehmen. Seine übergroße Empfindlichkeit und seine Vorsicht, nirgends anzuecken, werden nämlich oft falsch interpretiert. Erst wenn eine gewisse Zeit vergangen ist, werden Mitarbeiter und Mitarbeiterinnen erkennen, daß sich hinter der Maske der Schüchternheit und des Langmuts Ehrgeiz, Fleiß und Eifer verbergen.

Hat sich der Krebs-Geborene in eine neue berufliche Situation hineingelebt, erfreut er sich im allgemeinen erheblicher Beliebtheit. Die Kollegen werden sein Verständnis und sein angeborenes Mitgefühl zu schätzen wissen. Kein Wunder, daß sie schon bald versuchen werden, all ihre Probleme bei ihm abzuladen.

Trotz dieser Vorzüge sind die Krebs-Arbeitnehmer bei ihren Chefs nicht unbedingt beliebt. Schnell und mitunter auch gar nicht zu Unrecht wird ihnen nachgesagt, daß sie viel zu intensiv und viel zu früh versuchen, die Erfolgsleiter zu erklimmen.

Dieser Angestellte macht sich gut in jeder Position, in der es auf Instinkt und Vorstellungskraft sowie Improvisation ankommt. Seine Schwierigkeit liegt darin, daß er sich an Kleinigkeiten aufreibt und manchmal die große Linie nicht mehr sieht. Auch hat er einen ganz besonderen Hang dazu, alles, was seiner Meinung nach in seinen beruflichen Rahmen fällt, überzubewerten.

Ein Krebs-Angestellter kann sich sogar über einen Bleistiftspitzer oder über ein Päckchen Büroklammern aufregen. Da ist es dann wichtig, daß er einen Vorgesetzten hat, der ihn immer wieder in die richtige Richtung zurückweist.

Der Krebs-Angestellte ist übrigens am erfolgreichsten in seinem Beruf, wenn er bereits verheiratet ist. Immer wieder zeigt sich, daß diese Sternzeichen-Vertreter Verantwortungsgefühl und Pflichtbewußtsein brauchen, um professionell funktionieren zu können. Sind sie noch Junggesellen, dann sehen sie keine große Notwendigkeit, im Beruf Besonderes zu leisten und Karriere zu machen. Tun sie es trotzdem, dann gelingt es ihnen nicht immer, das auf diese Art und Weise verdiente Geld zusammenzuhalten. Sie neigen dazu, sich zu verzetteln, und tragen ihre privaten Schwierigkeiten und ihre unstete Lebensweise auch in den beruflichen Alltag hinein.

Am besten dran sind solche Angestellten, denen von Anfang an eine wichtige Aufgabe übertragen wurde, für die sie dann allein verantwortlich sind. In einem solchen Fall kann sich der Krebs-Geborene regelrecht in seine Arbeit verbeißen. Er wird erst zufrieden sein, wenn er sein Ziel erreicht hat. Auch wird er sich in einer solchen Situation durch nichts und niemanden ablenken lassen. Da er seinen eigenen Namen unter das fertige Endprodukt setzen muß, wird er zum Perfektionisten. Er ist hundertprozentig entschlossen, die an ihn gestellte Aufgabe so großartig wie nur irgendmöglich zu erledigen. Seine Geschwindigkeit bei der Bewältigung der Arbeit erstaunt jeden Vorgesetzten.

Während einer solchen schaffensfreudigen Phase kann es jedoch leicht zu Auseinandersetzungen mit den anderen Kollegen und Kolleginnen kommen. Man wirft dem Krebs-Angestellten schon mal vor, er verdürbe durch seinen Eifer und seinen Ehrgeiz die Preise. Es kann also durchaus passieren, daß sich dank des hervorragenden Einsatzes des Krebs-Angestellten das gesamte Betriebsklima vorübergehend verschlechtert.

Meistens ist es zum Glück nach kurzer Zeit der Krebs selbst, der wieder dafür sorgt, daß die Beziehung zu den anderen Mitarbeitern stimmt. Seine Herzlichkeit und seine Hilfsbereitschaft machen ihn so sympathisch, daß man bald wieder aufhört, in ihm in erster Linie nur den Ehrgeizling und den Streber zu sehen. Hinzu kommt das menschliche Element dieses Tierkreiszeichen-Vertreters. Seine Mitarbeiter werden nämlich erkennen, daß der Krebs, wenn er die an ihn gestellte Aufgabe bewältigt hat, auch wieder in aller Ruhe Fünfe gerade sein lassen kann und sich über einen längeren Zeitraum auf den verdienten Lorbeeren ausruht.

Die gesamte Palette seiner Fähigkeiten zeigt der Krebs am besten, wenn er einen Boß hat, der unter dem Zeichen entweder des Stiers, des Skorpions oder der Fische geboren wurde. Frustriert und in seiner Freiheit beschränkt fühlt er sich dagegen unter dem Zwilling, dem Löwen oder dem Widder.

Krebs-Frauen kann man fast alles fragen

Test:
Sind Sie ein typischer Krebs-Geschäftsmann?

Frage Nr. 1: Haben Sie Ihrer Sekretärin, einem Kollegen oder einer Kollegin schon mehr als einmal aus der Patsche geholfen?

Frage Nr. 2: Sind Sie der Meinung, daß ein verheirateter Mann im allgemeinen beruflich mehr erreicht als ein Junggeselle?

Frage Nr. 3: Machen Sie sich oft Sorgen darüber, daß jemand Ihnen vielleicht nach dem Job trachtet?

Frage Nr. 4. Sind Sie überzeugt davon, den Charakter anderer besonders gut beurteilen zu können, also ein guter Menschenkenner zu sein?

Frage Nr. 5: Zieht man Sie häufig wegen Ihrer Langsamkeit auf?

Frage Nr. 6: Fällt es Ihnen schwer, eine kränkende Bemerkung, bzw. eine Situation zu vergessen, in der sie Ihrer eigenen Meinung nach das Gesicht verloren haben?

Frage Nr. 7: Trinken Sie mitunter während Ihres beruflichen Alltags?

Frage Nr. 8: Sind Sie der Meinung, daß Flirts im Büro lächerlich und längst kein Grund sind, deshalb in Schwierigkeiten zu kommen?

Frage Nr. 9: Würden Sie Ihre Sekretärin oder eine andere weibliche Angestellte feuern, wenn Sie merken, daß sie Ihnen zu oft schöne Augen macht?

Frage Nr. 10: Interessiert Sie das Privatleben Ihrer Mitarbeiterinnen und Mitarbeiter?

Frage Nr. 11: Reizen Sie schwierige berufliche Aufgaben?

Frage Nr. 12: Fühlen Sie sich manchmal von der Konkurrenz übers Ohr gehauen?

Auflösung: Geben Sie sich für jede Frage, die Sie mit einem Ja beantworten mußten, zwei Punkte, und für jede Frage, die Sie mit einem Nein beantworten mußten, einen Punkt.

Zählen Sie nun Ihre Punkte zusammen.

20–24 Punkte: Beinahe sind Sie zu sehr Krebs, um erfolgreich zu sein. Ihre Eingleisigkeit und Geradlinigkeit kann dazu führen, daß Sie hier und da eine berufliche Chance verpassen und an Ihrem Arbeitsplatz nicht unbedingt beliebt sind. Sie sollten sich angewöhnen, die Meinung anderer leichter zu akzeptieren und auch intensiver zuzuhören, selbst dann, wenn deren Vorstellungen sich mit Ihren eigenen überhaupt nicht vertragen. Sympathien können Sie sich dadurch schaffen, daß Sie etwas weniger den Boß hervorkehren und sich intensiver auch für die privaten Belange Ihrer Mitarbeiter interessieren. Erfolgreich können Sie nur sein, wenn Sie alles in allem etwas flexibler sind und nicht nur Ihre eigenen Pläne für die allein seligmachenden halten.

16–19 Punkte: Sie sind ein recht typischer Krebs mit allen damit verbundenen Vorzügen und zum Glück nur wenigen typischen Mängeln. Das bedeutet, daß beruflicher Erfolg und eine steile Karriere beinahe unausweichlich sind. Üben Sie sich jedoch noch eine Weile in Geduld. Sie sind ein Mensch, dem die Lorbeeren nicht so leicht in den Schoß fallen. Sie müssen sich auch weiterhin auf Ihre Arbeit konzentrieren, wenn Sie es zu etwas bringen wollen. Etwas mehr Sympathien bei Ihren Mitarbeitern handeln Sie sich ein, wenn Sie mehr Gebrauch machen von Ihrer natürlichen Fröhlichkeit und Ihrem Charme.

15 oder weniger Punkte: Dieses Ergebnis ist keineswegs typisch für den Krebs. Sie würden viel besser unter das Sternzeichen der Waage oder des Schützen passen. Sie sind beweglich und flexibel, anpassungsfähig und freundlich, aber eigentlich kein typischer Geschäftsmann mit den für diese Position wichtigen Führungsqualitäten. Lieber ordnen Sie sich unter, als daß Sie den Ton angeben. Das macht Sie zwar sehr beliebt und sehr sympathisch, steht aber mitunter Ihrem beruflichen Erfolg im Weg. Versuchen Sie, sich auf eine bestimmte Linie festzulegen und diese dann geradlinig zu verfolgen.

Der Krebs und das liebe Geld

Der verstorbene John D. Rockefeller war typisch für dieses Sternzeichen. Er war kreativ, konservativ und vielleicht sogar ein bißchen geizig. Das sind gleichwohl die besten Voraussetzungen dafür, daß man es auf finanziellem Gebiet zu Überdurchschnittlichem bringt.

Die für Sie als den Krebs-Geborenen typische Kreativität zeichnet Sie dazu aus, eine Karriere auf künstlerischem Gebiet zu machen. Andererseits ist diese Qualität auch auf geschäftlicher Basis von großer Wichtigkeit. Hier nämlich zahlt sie sich aus auf dem Gebiet des Planens, Werbens und Organisierens. Ihr großer finanzieller Durchbruch wird mit großer Wahrscheinlichkeit nicht durch körperliche Arbeit zu erreichen sein, sondern durch geistige. Sie geben einen guten Betriebsbevollmächtigten und einen guten Berater ab, weil Ihre besondere Stärke darin liegt, für einen Betrieb sinnvollere Arbeitsmethoden zu finden, die Werbekampagnen zu verbessern oder die gesamte Arbeit zu koordinieren. Alles in allem machen Sie als Arbeitgeber eine bessere Figur denn als Arbeitnehmer. Konzentrieren sollten Sie sich auf neue Ideen. Da nämlich liegt Ihre ganz besondere Stärke.

Ihre konservative Art ist eine sehr gute Qualität, jedenfalls dann, wenn es ums Geldverdienen geht. Genauso günstig ist Ihre Sparsamkeit, vorausgesetzt, Sie kultivieren sie nicht exzessiv. Die ganz große Gefahr besteht darin, daß Sie zum Träumen neigen und zur Passivität. Diese Tendenz kann dazu führen, daß Sie sich zurücklehnen und auf Gelegenheiten warten. Das jedoch bedeutet, daß Ihnen so manche Chance durch die Finger rinnt, da Sie es gern vermeiden, Risiken einzugehen.

Krebs-Männer können ihr Geld zusammenhalten

Trotzdem wurden Sie unter einem sehr günstigen Stern geboren. Sie sind keineswegs der Typ, der spekulative Investments in Angriff nimmt. Es kommt Ihnen viel zu gefährlich vor. Sie gehören zwar durchaus zu jenen Menschen, die ihr Geld durch Aktien verdienen können, aber größer ist die Wahrscheinlichkeit, daß Sie dadurch zu Geld kommen, daß Sie auf Ihre innere Stimme hören, die Ihnen sagt, wo gerade die für Sie günstigsten Chancen liegen.

Aber auch auf einem anderen Gebiet sind Sie talentiert: Sie ziehen solche Leute magisch an, die Sie gut beraten können und die Ihnen finanzielle Tips geben, die sich im Laufe der Zeit auszahlen. Bedenken Sie aber auch die Dualität Ihres Charakters: Auf der einen Seite arbeiten Sie am besten, wenn Sie sich auf einem Gebiet als Pionier hervortun; auf der anderen Seite jedoch verdienen Sie das meiste Geld, wenn Sie vorsichtig und nur dort investieren, wo es sich um etablierte, eingesessene Firmen handelt.

Seien Sie nicht neidisch, wenn es anderen schon im Alter zwischen fünfundzwanzig und dreißig Jahren gelingt, das große Geld zu machen. Sie sind der Typ, der sich lieber Zeit läßt. Von Natur aus sind Sie zwar aufgeschlossen, aber zunächst noch etwas zurückhaltend, sich ganz dem Leben zu stellen. Etwas langsamer als andere, dafür gründlicher lernen Sie geschäftliche Details und Techniken. Daher ist für Sie die Lebensspanne zwischen dreißig und vierzig die produktivste und erfolgreichste. Danach dürften Sie sich endgültig auf dem Weg zur finanziellen Unabhängigkeit befinden.

Der Krebs auf Arbeitssuche

Ehe Sie sich auf Arbeitssuche begeben, sollten Sie sich die Zeit nehmen, sich über die eigenen Fähigkeiten und Vorzüge klar zu werden. Sie sollten sich eingestehen, daß Sie als echter Krebs-Geborener am erfolgreichsten sind, wenn Sie eine Beschäftigung gefunden haben, bei der Ihre Kreativität zur Geltung kommt, aber auch Ihr Organisationstalent sowie Ihre Fähigkeit, mit anderen Menschen gut umzugehen. Fehl am Platz sind Sie dagegen, wenn Sie sich eine Arbeit gesucht haben, bei der Sie sich täglich in ein neues Aufgabengebiet hineindenken müssen. Dazu sind Sie von Natur aus ein wenig zu schwerfällig. Hier nämlich kann es Ihnen passieren, daß Sie die berühmte Kurve nicht kriegen, weil Sie länger als andere dazu brauchen, sich an neue Techniken zu gewöhnen.

Gut aufgehoben sind Sie in einer Position, die es Ihnen erlaubt, zu planen und neue Wege zu beschreiten. Ihre Sparsamkeit und Ihre Fähigkeit, mit Geld umzugehen, ermöglicht es Ihnen auch, Ihr eigenes Geschäft zu gründen und solide zum Erfolg zu führen. Darüber hinaus verfügen Sie über die Fähigkeit, schwierige Zusammenhänge analytisch zu begreifen, auch haben Sie ein sicheres Gefühl dafür, was ankommt und was nicht.

Auf den folgenden Gebieten liegen für Sie passende und natürliche Berufe:

Büroarbeit

Ihre Freundlichkeit, Ihr Charme und Ihre Fähigkeit, sich gewandt auszudrücken, lassen Sie geeignet erscheinen für eine Position, die mit Publikumskontakt verbunden ist. Ihnen liegt es also, Empfangsdame zu sein, Sekretärin, Hosteß, Stewardeß oder aber Vertreter. Krebs-Frauen sind jedoch im allgemeinen nicht aggressiv genug, um als Verkäuferinnen bzw. Vertreterinnen Erfolg zu haben. Eine Ausnahme besteht lediglich, wenn Sie kosmetische Präparate oder Schmuck zu verkaufen haben. Dann wachsen sie über sich selbst hinaus. Wenn nämlich die natürliche Liebe zur Schönheit angesprochen wird, kann auch die notwendige Ellenbogenfreiheit entwickelt werden, um sich durchzusetzen.

Sollten Sie sich als Krebs-Geborener für den Arzt-Beruf entscheiden, dann wäre eine Spezialisierung auf das Fachgebiet des Kinderarztes anzuraten. Hier können Sie Überdurchschnittliches leisten. Ihre manuellen Fähigkeiten, die im allgemeinen nicht besonders ausgeprägt sind, sollten nicht überstrapaziert werden. Daher ist von der Position eines Chirurgen abzuraten.

Krebs-Frauen sind hervorragende Krankenschwestern. Besonders beliebt sind sie in der Kinderabteilung, aber auch in Alters- und Pflegeheimen. Überhaupt sind solche Berufe anzuraten, die auch nach einer längeren Pause wieder aufgenommen werden können. Die Krebs-Damen neigen dazu, besonders früh zu heiraten und Kinder zu haben. Damit sind sie für mehrere Jahre aus dem Berufsleben heraus. Sie können jedoch, besser als die meisten anderen Sternzeichen-Vertreterinnen, auch nach mehreren Jahren wieder den Anschluß finden und eine zweite Karriere beginnen.

Die Künste

Dafür haben Sie ganz bestimmte Talente. Sie können sich als Schauspieler bzw. Schauspielerin verdingen. Auch als Schriftsteller, Journalist, als Dramaturg oder Hörspielschreiber können Sie sich Ihre Lorbeeren verdienen. Da Sie darüber hinaus die öffentliche Meinung im allgemeinen gut kennen, gäben Sie auch einen guten Politiker oder Ghostwriter ab. Ihr Gefühl für Form und Farbe macht Sie auch geeignet für den Beruf des Designers bzw. Entwerfers.

Finanzen

Ihre Fähigkeit zu analysieren und Werte einzuschätzen, verbunden mit Ihrer soliden Ader und Ihrer vertrauenerweckenden Persönlichkeit, macht Sie zum perfekten Bankkaufmann, Investmentberater, Versicherungskaufmann und Grundstücksmakler. Sie können darüber hinaus Ideen sehr gut verkaufen. Damit ist auch die Position des Werbefachmannes für Sie ideal. Versuchen Sie, auf diesen Gebieten Ihre Talente einzusetzen.

Akademiker

Alle juristischen Berufe sind für Sie ideal, ganz besonders dann, wenn Sie auch noch politische Ambitionen haben. In der Medizin spezialisieren Sie sich am besten auf Frauen- oder Kinderkrankheiten. Aber auch die innere Medizin liegt Ihnen durchaus.

Selbständigkeit

Wenn Sie sich selbständig machen wollen, dann müssen Sie bedenken, daß Ihnen folgende Gebiete besonders liegen: Autoindustrie, Radiotechnik, das Elektrogeschäft sowie Bekleidung.

So müssen Sie sich als Krebs-Fräulein bewerben, wenn Sie den Job kriegen wollen

Als selbstbewußte Krebs-Dame wissen Sie wohl um Ihre beruflichen und fachlichen Qualitäten. Aber Ihr zukünftiger Arbeitgeber, kennt er Sie auch? Weiß er, was er an Ihnen haben würde? Sind Sie überhaupt der Typ, der sich verkauft, wenn es darum geht, einen begehrten Job zu erringen? Machen Sie beim Vorstellungsgespräch eine gute Figur? Und sind Sie ein Mensch, auf den Personalchefs fliegen?

Falls Sie nicht alle diese Fragen mit einem eindeutigen Ja beantworten konnten, sollten Sie die folgenden zehn Ratschläge beherrschen; sie helfen Ihnen nämlich, aus einer Bewerbung erfolgreich hervorzugehen.

Tip Nr. 1: Als Krebs-Fräulein neigen Sie dazu, Ihre Umwelt durch eine Brille der Gefühle zu sehen. Damit kommen Sie jedoch bei einem Vorstellungsgespräch nicht weiter. Versuchen Sie konsequent, Ihre Gefühle aus dem Spiel zu lassen. Im Moment interessiert es nicht, ob Sie gerade eine unglückliche Liebe durchmachen oder von Herzen verliebt sind. Versuchen Sie Ihren gesamten privaten Bereich soweit wie möglich auszuklammern. Konzentrieren Sie sich auf Ihr Gegenüber und auf die Position, für die Sie sich bewerben. Bleiben Sie also kühl, abwartend und wach. Überlegen Sie sich vorher, welche Fragen Sie stellen wollen. Überhaupt wäre es für Sie sinnvoll, sich vor dem ersten Kontaktgespräch einen Zettel mit Stichworten zu machen, damit Sie auch wirklich all das fragen, was Sie in diesem Zusammenhang wissen wollen.

Tip Nr. 2: Es ist bekannt, daß es Ihnen schwerfällt, bei guter Laune zu bleiben. Sie neigen zu erheblichen Stimmungsschwankungen und werden auch häufig Ihrer Depressionen nicht Herr. Das ist jedoch eine Schwäche, die Sie genau unter Kontrolle haben sollten, wenn Sie sich um einen Job bewerben. Hier müssen Sie so ruhig, gleichbleibend und stetig wie nur möglich erscheinen. Sie wollen ja den Eindruck erwecken, zuverlässig und belastbar zu sein. Das jedoch gelingt Ihnen nicht, wenn Sie immer wieder durchblicken lassen, wieviel Schweres Sie schon hinter sich gebracht haben.

Tip Nr. 3: Auch wenn es Ihnen schwerfällt: Seien Sie nicht verträumt. Sie sind ein Krebs-Fräulein mit allem, was dazu gehört. Ein Vorstellungsgespräch mag aus Ihrer Sicht etwas monoton verlaufen, und Sie werden vielleicht schon am ersten Tag eine ganze Reihe von technischen Problemen erfahren, die man mit ihrer Hilfe zu lösen versucht. Schweifen Sie nicht ab, auch wenn Ihre Phantasie dagegen meutert. Nur so haben Sie eine große Chance, den Job auch wirklich zu bekommen.

Tip Nr. 4: Unterdrücken Sie auf jeden Fall Ihre Ängstlichkeit. Mögen Sie sich noch so sehr vor der auf Sie zukommenden Verantwortung fürchten – zeigen Sie es nicht. Geben Sie sich selbstbewußt und zuversichtlich, ja forsch. Lassen Sie erkennen, daß die an Sie gestellte Aufgabe Sie keineswegs aus dem Gleichgewicht bringen wird. Auch für Ihr eigenes inneres Selbstwertgefühl ist es wichtig, daß Sie sich immer wieder klarmachen, daß die an Sie gestellten Pflichten Schritt für Schritt bewältigt werden müssen.

Tip Nr. 5: Sie verfügen über eine ausgeprägte materialistische Ader. Sie sind ein Mensch, der schnell auf die Füße fällt und der es im Leben im allgemeinen zu etwas bringt – und das schon recht früh. Wenn Sie sich jetzt um einen Job bewerben, dann sollten Sie nicht zögern, diesen materiellen Zug auch zu zeigen. Kein potentieller Arbeitgeber würde es glauben, wenn Sie die für Sie typische Art verleugnen würden. Man sieht es Ihnen an, daß Sie das Talent haben, mit Geld wirklich umgehen zu können. Man wird Ihnen gern solche Positionen anvertrauen, die mit großer Verantwortung auch auf finanziellem Gebiet verbunden sind.

Tip Nr. 6: Manchmal können Sie überempfindlich reagieren. Legen Sie demzufolge bei Ihrem ersten Kontaktgespräch nicht alles, was gesagt wird, auf die Goldwaage. Machen Sie sich klar, daß Ihr Gegenüber wahrscheinlich überlastet ist und an diesem Tag schon mehrere Einstellungsgespräche geführt hat. Vielleicht sind auch seine Nerven zum Zerreißen gespannt. Vielleicht macht er deshalb hier und da eine Bemerkung, die Ihnen gegen den Strich geht und die Sie verletzt. Bedenken Sie: gemeint war es bestimmt nicht so.

Tip Nr. 7: Lernen Sie es, sich richtig einzuschätzen. Ihr Ego ist, vor allen Dingen, wenn es Ihnen privat nicht besonders gut geht, sehr leicht angekratzt. Sie trauen sich dann viel weniger zu und sind der Meinung, daß man Ihnen ansehen müßte, für wie wenig belastbar Sie sich selbst halten. Das ist keine gute Grundlage, einen neuen Job zu erhalten. Zwingen Sie sich zur Selbsteinschätzung, und zwar zur positiven.

Tip Nr. 8: Sie haben eine humorvolle Ader, die Sie auszeichnet, die Sie charmant und anziehend macht. Dennoch sollten Sie sich im Moment etwas bremsen. Eine lustige Angelegenheit ist das erste Kontaktgespräch mit Ihrem späteren Arbeitgeber ja nicht. Auch wenn Sie der Meinung sind, eine lustige, treffende Bemerkung könnte nicht schaden – verkneifen Sie sich Ihren Mutterwitz. Geben Sie sich seriös, aber auch nicht zu trocken. Von Ihrer Fähigkeit, voller Humor zu sein, dürfen Sie allenfalls dann Gebrauch machen, wenn Sie erkannt haben, daß Ihr Gegenüber ebenfalls Sinn dafür hat. Übertreiben sollten Sie nichts, auch nicht den Spaß.

Tip Nr. 9: Sie sind ein Mädchen, das zu Sentimentalitäten neigt, das eine nostalgische Ader hat. Das ist Ihnen im Moment jedoch eher hinderlich. Sie schaden sich beruflich, wenn Sie bei Ihrem späteren Chef mit einer gewissen Melancholie Ihrem früheren Job nachtrauern. Das kommt nicht an. Vielmehr sollten Sie Ihre Bereitschaft zeigen, sich so schnell wie möglich in Ihr neues Aufgabengebiet hineinzufinden. Sie sollten zu erkennen geben, daß Sie alles bisherige Berufliche hinter sich lassen und sich ganz auf das Neue konzentrieren wollen. Zu Ihrer sentimentalen Ader gehört es auch, daß Sie gern über Ihre privaten Belange sprechen. Etwas mehr Zurückhaltung kann nicht schaden. Nur wenn man Sie ausdrücklich danach fragt, wie Ihr Alltag aussieht, wie Ihr Feierabend und wie Ihre Familienverhältnisse, sollten Sie sich darüber äußern. Ansonsten sind das Dinge, die in ein Vorstellungsgespräch kaum hineingehören.

Tip Nr. 10: Betonen Sie Ihre weibliche Note. Sie müssen nicht als Circe in das Büro des Personalchefs kommen, sollten aber dennoch von Kopf bis Fuß gepflegt sein. Wählen Sie Ihre Kleidung mit Bedacht, genauso Ihr Parfum und Ihre Frisur. Auf alle Fälle jedoch sollten Sie nicht Ihre Natürlichkeit verleugnen.

So müssen Sie sich als Krebs-Jüngling bewerben, wenn Sie den Job kriegen wollen

Sie kennen, wie kaum ein anderer, Ihre eigenen Fähigkeiten und Ihre eigenen Schwächen. Sie wissen, daß Sie Stimmungsschwankungen unterliegen und daher keine Aufgabe übernehmen sollten, die Sie seelisch zu sehr belastet. Andererseits sind Sie wie geschaffen für kreative Berufe und solche Beschäftigungen, in denen Ihr Organisationstalent so wie Ihr finanzieller Überblick zum Tragen kommen.

Ihre Gabe, mit Menschen umzugehen, macht Sie auch zu einem Mann, der gut im Licht der Öffentlichkeit stehen kann. Sie brillieren auf Konferenzen und Tagungen und machen als Vertreter eine gute Figur. Sie legen im allgemeinen großen Wert auf Ihr Äußeres und können somit jederzeit „vorgezeigt" werden. Sie haben gute Umgangsformen, sind höflich und charmant und bei allen Vorgesetzten ein gern gesehener Mitarbeiter. Am besten funktionieren Sie, wenn Ihnen eine schwierige Aufgabe gestellt wird, die Ihren ganzen Einsatz verlangt.

Trotzdem ist es für Sie nicht immer leicht, einen neuen Job zu bekommen. Das hat verschiedene Gründe: Sie hängen an Ihrer alten Arbeit, was mit Ihrer Sentimentalität und Ihrer nostalgischen Ader zusammenhängt. Sie finden nur schwer den Absprung, und Ihr Bestreben nach Sicherheit sorgt auch dafür, daß Sie lieber in einer Position bleiben, die Ihnen nur halb zusagt, als daß Sie es wagen, noch einmal ganz von vorn anzufangen. Nichtsdestoweniger sollten Sie versuchen, auch aus der beruflichen Situation das Beste zu machen. Versuchen Sie es doch einfach einmal. Bewerben Sie sich einmal woanders. Prüfen Sie, wieviel Sie auf dem öffentlichen Arbeitsmarkt wert sind und ob es nicht auch für Sie eine berufliche Position gibt, die sehr viel mehr Erfolgsaussichten bietet als die augenblickliche.

Die folgenden zehn Punkte werden Ihnen helfen, die für den Krebs häufigsten Klippen bei einer persönlichen Vorstellung zu umgehen.

Tip Nr. 1: Im normalen Alltag kommen Sie mit Ihrer Liebenswürdigkeit weiter. Man hat Sie gern, findet Sie sympathisch. Trotzdem sollten Sie von gerade dieser Tugend nur wenig Gebrauch machen, wenn Sie sich um einen neuen Job bemühen. Es kann nämlich leicht so ausgelegt werden, daß Sie das Zeug hätten zu einem Kriecher. Und der ist in keiner Firma gern gesehen. Geben Sie sich also kühl, abwartend und distanziert. Sie wollen ja schließlich auch den Eindruck eines zuverlässigen, selbstbewußten Mitarbeiters erwecken. Den Charmeur sollten Sie sich für die Stunden nach der Arbeit, für den Feierabend aufbewahren, vielleicht auch für Betriebsfeste. Ihn aber schon beim ersten Vorstellungsgespräch hervorzukehren, das wäre beruflich ein Fiasko.

Tip Nr. 2: Scherz beiseite, jetzt wird es ernst. Das könnte als Motto über Ihrem ersten Vorstellungsgespräch stehen. Sie haben Sinn für Humor und verstehen es, sich gewandt auszudrücken. Sie können Witze hervorragend erzählen und erobern das Herz einer jeden Gastgeberin im Sturm durch diese Fähigkeiten. Ihr zukünftiger Chef erwartet andere Talente. Hier sollten Sie sich vielmehr um den notwendigen Ernst und gleichzeitig die notwendige Gelassenheit bemühen.

Tip Nr. 3: Die Kreativität ist Ihre Stärke. Auf diese Art und Weise wird es Ihnen gelingen, finanziellen Erfolg zu haben und eine berufliche Karriere zu schaffen. Trotzdem sollten Sie diese Fähigkeit nicht während des ersten Kontaktgesprächs zu sehr in den Vordergrund bringen. In einer alteingesessenen Firma kann dieser Zug mißverstanden werden. Ihr Gegenüber kann den Eindruck gewinnen, daß Sie ein Mensch sind, der sich mit Althergebrachtem überhaupt nicht zufrieden gibt. Es wäre daher auch ratsam, nicht schon während des ersten Gesprächs Verbesserungsvorschläge zu unterbreiten. Heben Sie sich diese für später auf. Wenn Sie erst einmal in der Firma etabliert sind, wenn Sie sich einen guten Ruf erworben haben, und wenn man Sie als einen verantwortungsbewußten, belastungsfähigen Mitarbeiter kennengelernt hat, dann können Sie jene Kreativität wieder in den Dienst der Dinge stellen, die Sie auszeichnen.

Tip Nr. 4: Lassen Sie sich um Himmels willen nicht ausnutzen. Als Krebs-Geborener sind Sie ein Mensch, der vor lauter Liebenswürdigkeit und Hilfsbereitschaft mitunter die eigenen Interessen aus den Augen verliert. Sie bemühen sich jetzt intensiv darum, einen guten Eindruck zu machen, dürfen jedoch den Bogen nicht überspannen. Sie sollten von vornherein dafür sorgen, daß man Ihnen nicht eine Position anvertraut, für die Sie eigentlich eine Nummer zu gut, eine Nummer zu groß sind. Stellen Sie Ihr Licht nicht unter den Scheffel.

Tip Nr. 5: Zeigen Sie Ihr Interesse, das für Sie typisch und auszeichnend ist, indem Sie vor dem Bewerbungsgespräch die Geschichte der Firma, in der Sie unterkommen wollen, lesen. Es fällt Ihnen nicht schwer, Wirtschaftsmagazine zu lesen. Lassen Sie dann durchblicken, daß Ihnen das Unternehmen nicht mehr ganz fremd ist. Sie werden auf diese Art und Weise einen hervorragenden Eindruck machen.

Tip Nr. 6: Machen Sie nicht zwei Schritte vor und einen zurück, wenn es um die Selbstdarstellung geht. Als Krebs-Geborener neigen Sie ja dazu, mit großem Elan an irgend etwas Neues heranzugehen, dann jedoch rasch wieder zu erlahmen und rückwärts zu kriechen. Das können Sie sich bei der Bewerbung nicht erlauben. Es kommt darauf an, daß Sie Ihre Qualitäten so darstellen, wie sie wirklich sind. Arbeiten Sie also ganz intensiv gegen Ihr Naturell.

Tip Nr. 7: Seien Sie präzise in Ihren Gehaltsforderungen. Sie reden auf diesem Gebiet manchmal wie eine Katze um den heißen Brei. Sie deuten etwas an, nehmen es wieder zurück, kommen noch einmal darauf zurück und wissen zum Schluß nicht mehr, was Sie nun eigentlich verlangen sollen. Machen Sie sich schon lange vor dem Gespräch klar, welche Summe Sie monatlich haben müssen, um Ihren Lebensunterhalt zu bestreiten.

Krebs-Geschäftsleute hassen Leute, die immer zu spät kommen

Tip Nr. 8: Lassen Sie sich nicht das Wort im Mund umdrehen. Überlegen Sie sich ganz genau, was Sie sagen. Versprechen Sie nichts, was Sie nicht halten können. Unterschreiben Sie keinen Vertrag, den Sie nicht genau durchgelesen haben. Sie sind zwar von Natur aus kein flüchtiger und oberflächlicher Mensch, können aber in Ihrer Begeisterung leichtsinnig werden. Lesen Sie auch das Kleingedruckte.

Tip Nr. 9: Sorgen Sie für ein einwandfreies Erscheinungsbild. Sie müssen von Kopf bis Fuß tip-top gekleidet sein und sollten auch in bezug auf Frisur und Fingernägel alles andere als nachlässig sein. Nehmen Sie sich die Zeit, sich selbst einmal von oben bis unten zu studieren, ehe Sie sich auf den Weg machen. Ihr Anzug muß korrekt sein, nicht zu auffallend, sondern eher dezent.

Tip Nr. 10: Sie sind ein amüsanter Plauderer und ein guter Unterhalter. Sie hören sich gern reden und verfügen über eine gewandte Wortwahl. Nichtsdestotrotz sollten Sie gerade bei einer Bewerbung auch Ihr Gegenüber zu Wort kommen lassen. Das hat nicht nur taktische Gründe, sondern auch den, daß sich Ihr Arbeitgeber wahrscheinlich genauso gern reden hört, wie Sie sich.

Wichtig ist aber auch, daß Sie auf diese Art und Weise genau erfahren, was man sich von Ihnen und Ihrem beruflichen Einsatz verspricht. Verbauen Sie sich also nicht die Chance, gut informiert zu sein, indem Sie selbst zuviel zum Besten geben. Letzteres wird Ihnen meistens auch falsch ausgelegt; man hält Sie mitunter sogar für geschwätzig. Das jedoch ist ein Image, das sich mit dem, was Sie erreichen wollen, nicht verträgt.

Krebs-Männer sind stolz auf ihre Unterschriften

Lernen Sie, Ihren Boß astrologisch richtig zu nehmen

Menschenkenntnis und Einfühlungsvermögen sind wichtige Voraussetzungen dafür, daß man als Angestellter mit seinem Vorgesetzten gut auskommt. Doch obwohl der Krebs-Geborene über diese Fähigkeiten verfügt, kann es gerade zwischen ihm und seinem Chef immer wieder zu Auseinandersetzungen kommen. Der Grund: Der Ehrgeiz, die Kreativität und das Gefühl, eigentlich noch Besseres verdient zu haben, führen dazu, daß man nur schwer im beruflichen Alltag einen gemeinsamen Nenner findet. Auch fällt es dem unter diesem Sternzeichen Geborenen schwer, sich kritiklos unterzuordnen. Anpassungsschwierigkeiten gegenüber anderen Mitarbeitern sind dagegen nicht zu befürchten.

Es gibt eine Reihe von ganz einfachen Tricks, wie man sich ohne Verleugnung des eigenen Naturells mit seinem Vorgesetzten arrangiert. Das Geheimnis: Man stellt fest, unter welchem Sternzeichen der Vorgesetzte geboren wurde und behandelt ihn dann astrologisch richtig. Wie, das erfahren Sie in diesem Kapitel.

Ihr Boß, der Widder

Schon von Natur aus müssen Sie als Vertreter eines Wasserzeichens mit diesem Vertreter eines Feuerzeichens kollidieren. Auf den ersten Blick werden Sie einander mit Sicherheit nicht sympathisch sein.

Sie haben jedoch die Möglichkeit, unter Ihrem Widder dennoch eine befriedigende Karriere zu machen – vorausgesetzt, Sie lernen, diesen nicht einfachen Chef astrologisch zu deuten. Machen Sie sich klar, daß er von einem großen inneren Drang beseelt ist, der ihn zwingt, immer die Führung behalten zu wollen.

Das heißt für Sie: Mit einer laxen Haltung kommen Sie bei ihm nicht voran. Zeigen Sie Ihren Ehrgeiz. Verbohren und verbeißen Sie sich in die an Sie gestellten Aufgaben. Kommen Sie lieber morgens ein paar Minuten zu früh als eine Sekunde zu spät. Machen Sie es Ihrem Widder-Chef gleich, dann wird er erkennen, daß Sie ein wertvoller Mitarbeiter sind, auf den man sich hundertprozentig verlassen kann.

Ihr Boß, der Stier

Auch hier sind die Voraussetzungen nicht so, daß man sich auf den ersten Blick sympathisch ist und daß man friedlich und erfolgreich nebeneinander arbeitet. Die Verbohrtheit und die Verbissenheit des Stiers fallen dem Krebs leicht auf die Nerven, und umgekehrt kann der Stier die Sparsamkeit des Krebses nicht einsehen. Es kommt also meistens schon in der ersten Zeit zu heftigen Auseinandersetzungen und schweren Zusammenstößen. Gleichwohl findet man sehr bald eine gemeinsame Basis. Sie besteht darin, daß beide Sternzeichen-Vertreter finanzielle Genies sind – mit Respekt für die Leistung anderer. So wird der Stier-Chef schnell erkennen, daß er in seinem Krebs-Angestellten einen Gleichgesinnten gefunden hat, mit dem er auf höchster Ebene die finanziellen Vor- und Nachteile gewisser geschäftlicher Transaktionen besprechen kann.

Und noch etwas ist es, wo sich diese beiden treffen: beide sind erzkonservativ. Es wird dem Stier gefallen, daß er nun einen Vertrauten in der Firma hat, der ebenfalls Altbewährtes zu schätzen weiß und der sich ein Investment sehr genau und sehr vorsichtig überlegt, ehe er sich dazu hinreißen läßt.

Ihr Boß, der Zwilling

Als Krebs-Geborener können Sie sehr schnell einer Täuschung unterliegen. Von Anfang an ist Ihnen der Zwillinge-Chef sympathisch. Sie lassen sich beinahe einwickeln von seinem Charme, seiner Ausstrahlungskraft und Redegewandtheit. Das ist sehr gut für die Stunden nach dem Dienst, für den Feierabend, für Parties und Betriebsausflüge. Für die gemeinsame Arbeit ist es jedoch nicht so positiv.

Sie werden lernen müssen, unter diesem Vorgesetzten weitgehend selbständig zu entscheiden und zu arbeiten. Wenn Sie nämlich darauf warten wollen, bis der Zwillinge-Chef sich entschlossen hat, eine bestimmte Arbeit an Sie zu delegieren oder grünes Licht zu geben für eine Transaktion, dann können Sie lange warten. Beweisen Sie, was in Ihnen steckt, indem Sie die Dinge selbst in die Hand nehmen und energisch anpacken. Befolgen Sie konsequent immer die gleiche Linie, damit man Ihnen schon schnell einen bestimmten, für Sie typischen Stil nachsagen kann.

Seien Sie auch im Umgang mit diesem Vorgesetzten konsequent. Sie müssen sich immer wieder klarmachen, daß der echte Zwillinge-Geborene rasch ermüdet und sich nur schlecht über längere Zeit konzentrieren kann. Gibt es also Berufliches zu besprechen, dann lassen Sie sich nicht an die Seite drängen.

Ihr Boß, der Krebs

Auf den ersten Blick scheint eine solche Bindung ideal. Zwei Krebse, das muß doch, denkt man, für jede Firma optimal sein. Irgendwie stimmt das auch. Die materiellen Überlegungen des Krebs-Chefs und seines Krebs-Angestellten werden immer auf solider Grundlage stattfinden und richtig sein. Privat dagegen und im beruflichen Alltag kann es dennoch leicht zu Auseinandersetzungen kommen. Weil man einander so ähnlich ist, nervt man sich auch. Sowohl der Vorgesetzte als auch sein Angestellter können sich mitunter nicht rechtzeitig bremsen.

Man sitzt stundenlang über Randproblemen, nur weil man sich nicht dazu entschließen kann, eine längst festgesetzte wichtige Sache in Angriff zu nehmen. Da nun gibt es Schwierigkeiten. Der Krebs-Chef macht seinen Angestellten für diesen Mangel an Entschlußkraft verantwortlich. Der Angestellte wiederum verschanzt sich hinter seiner Inkompetenz, indem er argumentiert: Der Chef muß grünes Licht geben.

Lassen Sie sich durch diese charakterliche Ähnlichkeit nicht aus dem Konzept bringen. Auch als Krebs-Geborener können Sie unter einem Krebs-Chef Karriere machen. Bedenken Sie nur folgendes: Die große Sparsamkeit Ihres Chefs, der Ihren ja durchaus ähnlich, ist die Quelle großer Erfolge. Sparen Sie, wo immer Sie können. Machen Sie Verbesserungsvorschläge, die eine höhere Rendite bedeuten. Steigern Sie den Umsatz. Wenn Sie Erfolge haben, die ein Einsparen von Firmengeldern bedeuten, sind Sie bei Ihrem Krebs-Chef toll angeschrieben.

Ihr Boß, der Löwe

Eigentlich sind Sie für diesen sehr von sich überzeugten, hartnäckigen und stolzen Chef viel zu empfindlich. Es ist unausweichlich, daß Sie so manches Mal Hiebe einstecken müssen, die Sie zutiefst verletzen, die jedoch von dem Löwe-Boß gar nicht so gemeint waren.

Machen Sie sich klar, daß dieser zur Übertreibung neigende Mann Sie falsch einschätzt. Er hält Sie für einen Menschen, den man leicht manipulieren und in beruflicher Hinsicht an einen x-beliebigen Platz setzen kann, damit er dort funktioniert. Sie müssen, wenn Sie überleben wollen, dieses falsche Urteil so schnell wie möglich korrigieren.

Sie müssen ein Gesicht bekommen, müssen eine Persönlichkeit werden. Trotzdem dürfen Sie nie versuchen, dem Löwen an Stärke und Durchsetzungskraft überlegen sein zu wollen. Das wird Ihnen nur übel angekreidet.

Vergessen Sie nie den Stolz dieses Vorgesetzten. Er kann sich hundertmal geirrt haben, er kann fünfzigmal einen Fehler gemacht haben – sagen Sie es ihm nicht, schlucken Sie es lieber. Wenn Sie dem Löwen dank Ihrer Redegewandtheit überzeugend klarmachen konnten, daß Sie recht und er unrecht hatte, tun Sie sich damit keinen Gefallen.

Bemühen Sie sich um möglichst viel Abstand zu diesem Vorgesetzten. Sie werden lediglich unnütz verletzt oder erscheinen in einem falschen Licht, wenn Sie das Kumpelhafte Ihrer Beziehung betonen. Distanz ist das Zauberwort. Distanz kann dazu führen, daß der Löwe-Chef sich nun seinerseits intensiv um Sie bemüht. Er ist nämlich nicht nur stolz, stark und selbstüberzogen. Nein, er ist auch warmherzig, großzügig und dynamisch. Darüber hinaus ist er

– und das dürfte Sie im ersten Moment überraschen – durchaus verletzbar. Sein Ego ist gar nicht so intakt, wie er sich immer den Anschein gibt. Streicheln Sie es also. Schmeicheln Sie ihm. Lassen Sie ihn wissen, daß er, zumindest in Ihren Augen, ein Genie ist.

Ihr Boß, der Jungfrau-Mann

Von Anfang an werden Sie und Ihr Chef sich sympathisch sein. Man wird einander so einschätzen, wie man ist, nämlich zuverlässig, ehrgeizig, dabei aber offen und ehrlich. Die Gefahr: Ihre Überempfindlichkeit kann dazu führen, daß Sie sich durch die leicht brüske Art des Jungfrau-Chefs mitunter verletzt fühlen.

Machen Sie sich immer wieder klar, daß selbst die schroffen Worte noch gut gemeint sind. Von Natur aus ist der Jungfrau-Chef eher liebenswürdig als hart, eher entgegenkommend als ablehnend. Es fehlt ihm lediglich die Tugend, seinen wirklichen Charakter auch im beruflichen Alltag zur Schau zu stellen.

Hüten Sie sich davor, mit dem Jungfrau-Chef zu vertraut zu werden. Dieser Mann braucht seine Einsamkeit, seinen Abstand. Von Natur aus wehrt er sich dagegen, berufliches und privates Leben zu eng miteinander zu verknüpfen. Bedenken Sie das immer, auch dann, wenn es so scheint, als habe sich während des gemeinsamen Arbeitens so etwas wie Freundschaft entwickelt.

Unterschätzen Sie den Jungfrau-Chef nie. Er ist intelligent, kann sehr genau zwischen falschen und richtigen Entscheidungen unterscheiden und ist fleißig. Sie können ihm also nur imponieren, wenn Sie Ihren ganzen beruflichen Einsatz bringen, sich um äußerste Pünktlichkeit bemühen, um Korrektheit, Sauberkeit und Ehrgeiz. Mit einer laxen Arbeitshaltung kommen Sie bei ihm nicht durch. Er leistet selbst sehr viel und erwartet von seinen Angestellten nicht weniger.

Wenn Sie sich vor unliebsamen Enttäuschungen hüten wollen, sollten Sie sich immer wieder vor Augen halten, daß der Jungfrau-Chef gern an allem herumnörgelt und mitunter eine Kälte zeigt, die absolut nicht seinem Naturell entspricht. Lassen Sie sich also nicht den Mut nehmen, wenn Ihnen – anstatt eines verdienten Kompliments – irgendeine unwichtige Kleinigkeit immer wieder vorgehalten wird.

Ihr Boß, der Waage-Mann

Das ausgleichende, friedliche Element im Waage-Chef kommt Ihnen außerordentlich zugute. Bei ihm müssen Sie nicht befürchten, verletzt zu werden. Hier wird man Ihre Fähigkeiten und Talente zu schätzen wissen. Hier kann es Ihnen auch passieren, daß Sie selbst dann über alle Maßen gelobt werden, wenn Sie eigentlich nicht hundertprozentig Ihre Pflicht getan haben. Der Grund: Für den echten Waage-Chef ist ein gutes Betriebsklima das A und O. Das ist ihm mitunter wichtiger als perfekte Arbeit.

Trotzdem können Sie sich unter dem Waage-Boß nicht erlauben, Ihre Pflichten nachlässig zu erfüllen. Nein, der Waage-Mann behält den Überblick und hat viel zu viel Ehrgeiz, um es hinzunehmen, daß unter ihm geschludert wird.

Großes berufliches Lob können Sie sich unter dem Waage-Chef verdienen, wenn Sie ihm hin und wieder eine Entscheidung abnehmen. Da nämlich tut er sich schwer. Er möchte sich nicht festlegen, wägt seinem Sternzeichen gemäß wieder und wieder ab, ohne sich für eine Seite entscheiden zu können. Er leidet unter dieser Unentschlossenheit. Greifen Sie also ruhig ein. Stellen Sie ihn vor vollendete Tatsachen, selbst dann, wenn Sie damit Ihre Kompetenzen geringfügig überschreiten. Langfristig wird es Ihnen zum Vorteil gereichen, wenn Sie sich einmischen.

Da sie sich von Anfang an gegenseitig sympathisch sind, liegt es auf der Hand, daß Sie auch außerhalb des beruflichen Alltags miteinander verkehren. Hier ist jedoch auch Vorsicht geboten. Der Waage-Vorgesetzte neigt dazu, Privates und Berufliches nicht immer zu trennen.

Ihr Boß, der Skorpion

Besser geht es beinahe gar nicht. Hier haben sich zwei perfekte Partner getroffen. Der intensive und häufig auch recht schwierige Skorpion wird von dem Krebs vollauf begeistert sein. Während er selbst unter Druck ganz vorn im Rampenlicht der Öffentlichkeit agieren kann, weiß er den zuverlässigen und soliden, still arbeitenden Krebs im Hintergrund. Darüber hinaus tut es seinen Nerven gut, in dem Krebs-Angestellten einen Mann gefunden zu haben, auf den er sich hundertprozentig verlassen kann und dessen finanzielles Urteil meistens stimmt. Das gibt ihm den Freiraum, sich nun der großen Linie zu widmen.

Geringfügige Auseinandersetzungen sind natürlich trotzdem nicht zu vermeiden. Sie ergeben sich unter anderem daraus, daß der sehr auf Zucht und Ordnung versessene Skorpion wenig Verständnis hat für die manchmal etwas schlampige Art des Krebses. Auch kann er sich mit der angeblichen Langsamkeit dieses Angestellten nicht abfinden. Sie geht ihm mitunter auf die Nerven. Erst wenn man schon längere Zeit miteinander oder nebeneinander gearbeitet hat, wird der Skorpion-Chef merken, daß die vermeintliche Langsamkeit dieses Angestellten ihre Vorteile hat, schützt sie doch ihn und seine Firma davor, daß aus Flüchtigkeit oder Leichtsinn Fehler entstehen.

Ein wenig gefährlich ist die von Anfang an herrschende Sympathie zwischen Chef und Angestelltem natürlich auch. Sie kann dazu führen, daß sich der Krebs zu sehr in Sicherheit wiegt und seine eigene berufliche Situation für unantastbar hält.

Immer wieder sollte er sich vor Augen führen, was für einen Chef er hier hat. Der echte Skorpion ist voller Energie, unabhängig, leidenschaftlich und bestrebt, es schnell zu etwas zu bringen. Seine Nachteile sind Vorurteile und ein Hang zur Eifersucht, auch zu beruflicher. Es wäre also professioneller Selbstmord, den Skorpion-Chef ausstechen zu wollen.

Ihr Boß, der Schütze

Hier häufen sich Schwierigkeiten über Schwierigkeiten. Unterschiedlicher können zwei Charaktere kaum sein, als der des Krebs-Angestellten und des Schütze-Chefs. Während der Krebs-Angestellte eine solide Basis benötigt, während er sich um kluge Investments bemüht und in erster Linie die finanzielle Sicherheit einer Transaktion betont sehen möchte, schleudert der Schütze-Chef gern sein Geld mit beiden Händen unter die Leute. Er ist ein freidenkendes, die Freiheit liebendes Individuum, das sich von niemandem, also auch nicht von dem Krebs-Angestellten festbinden lassen möchte. Leichtsinnig, unkontrolliert und leidenschaftlich sind seine Entscheidungen. Kein Wunder, daß der seriöse,

Der Krebs-Chef liebt Blumen an seinem Geburtstag

zuverlässige Krebs bisweilen entsetzt ist über seine Entscheidung, bei einer Firma mit einem solchen Chef zu arbeiten. Kein Wunder ferner, daß es immer wieder zu den heftigsten Auseinandersetzungen kommt und daß die Zeit des Zusammenraufens ganz besonders lange dauert.

Während sich der Krebs privat um Häuslichkeit und Sicherheit bemüht, verfolgt der Schütze gerade gegenteilige Ziele. Also gibt es auch im persönlichen Bereich keinen gemeinsamen Nenner. Nichtsdestotrotz gibt es eine Möglichkeit für Sie, den Krebs-Geborenen, auch unter diesem Chef Karriere zu machen: Sie müssen lediglich bestrebt sein, sich bei dem Schütze-Chef unentbehrlich zu machen.

Besinnen Sie sich auf Ihre Genialität, Ihre Kreativität und Ihre finanziellen Fähigkeiten. Stellen Sie all diese in den Dienst des Schütze-Chefs, der über diese Qualitäten selbst nicht verfügt.

Ihr Boß, der Steinbock

Mit einem Steinbock kann der typische Krebs-Geborene im allgemeinen auf beruflicher Basis recht gut zusammenarbeiten. Die Charaktere sind durchaus ähnlich. Man hat ähnliche Interessen und vor allen Dingen ähnlich gelagerte berufliche Ziele. Beiden ist das Streben nach finanzieller Sicherheit und Solidität eigen. Schon früh stellt der Steinbock-Chef fest, daß er sich auf den Krebs-Angestellten verlassen kann. Auch wird er, da er selbst finanziell versiert ist, rasch erkennen, daß er hier einen ebenbürtigen Partner gefunden hat.

Diese Eigenschaften sind der Grund dafür, warum es meistens nicht zu der typischen Chef-Angestellten-Beziehung zwischen diesen beiden Sternzeichen-Vertretern kommt. Vielmehr entwickelt sich so etwas wie eine Partnerschaft mit gleichen Stimmkräften. Auch auf privater Ebene versteht man einander recht gut. Trotzdem sollte man davon Abstand nehmen, ein zu enges freundschaftliches Verhältnis mit seinem Vorgesetzten zu unterhalten. Über kurz oder lang wird einem das verübelt. Dem Steinbock ist außerordentlich an einem guten Betriebsklima gelegen. Sind Sie aber zu seinem Intimfreund avanciert, wird Ihnen das von den anderen Mitarbeitern mit großer Wahrscheinlichkeit verübelt.

Ihr Boß, der Wassermann

Leicht ist Ihr Stand unter einem Wassermann nicht. Das ist nicht Ihr Fehler, sondern eher der Ihres Vorgesetzten. Der Wassermann, der gern den Boden der Tatsachen verläßt, kann sich nicht vorstellen, daß jemand so solide, erdverbunden und reell ist, wie Sie das nun einmal sind. Er weiß kaum zu würdigen, was Sie beruflich für ihn leisten.

Andererseits haben Sie eine Möglichkeit, den Respekt dieses Vorgesetzten zu erobern: durch Ihre Kreativität. Das imponiert dem Wassermann gewaltig. Allerdings müssen Sie davon ausgehen, daß er Ihnen an Kreativität durchaus gleichwertig sein kann. Überflügeln werden Sie ihn nicht. Das sollten Sie schon aus taktischen Gründen nicht versuchen. Vielmehr braucht der Wassermann, wenn er Ihr Chef ist, regelmäßige Bewunderung und ansonsten einen Mitarbeiter, der ihn vor seinen Höhenflügen bewahrt.

Ihr Boß, der Fische-Mann

Das ist eine recht ideale Partnerschaft. Man versteht einander von Anfang an und toleriert sich gegenseitig. Sowohl der Fische-Chef als auch der Krebs-Angestellte sind intuitive Menschen, die sich gut auf ihr Gefühl verlassen können. Die Unentschlossenheit des Fische-Mannes wird durch den entschlußfreudigen Krebs-Angestellten wieder aufgehoben. Kein Wunder, daß der Krebs bald die Rolle des Beraters einnehmen kann.

Eine Gefahr allerdings lauert auch hier: Sowohl der Krebs als auch der Fisch vermögen, von Zeit zu Zeit der harten Wirklichkeit durch Träumereien zu entrinnen. Wenn nun beide gleichzeitig träumen, fehlt es natürlich am nötigen Überblick. Da sollten diese beiden Sternzeichen-Vertreter offen und ehrlich genug miteinander sein, um sich das einzugestehen und Abhilfe zu schaffen.

Wenn der Krebs Erfolg hat

Was würden Sie tun, wenn Sie unerwartet über eine größere Summe Geld verfügen könnten – sei es, daß Sie es gewonnen, ererbt oder sogar erarbeitet haben? Würden Sie das Geld auf die hohe Kante legen? Würden Sie es sofort wieder ausgeben? Würden Sie sich vielleicht umgehend Wünsche erfüllen, die bisher nicht erfüllbar waren?

Lesen Sie doch einmal nach, wie auch der Umgang mit plötzlichem Reichtum von der Astrologie bestimmt wird.

Der Krebs-Geborene reagiert typisch auf unerwarteten Reichtum. Zumindest vorübergehend. Er wird sich daran erinnern, daß es Delikatessen gibt, von denen er sonst wenig Notiz nimmt, und nun so unbeschwert sein, wie es eben geht. Das ist jedoch nur der Anfang. Die zweite Phase seines Verhaltens bei unerwarteten Glücksfällen ist die, daß er nun anfängt, seine Lieben zu verwöhnen. Als echter Familienvater kauft er Geschenke für Frau und Kinder, wie er überhaupt einiges am Lebensstil ändert. Aber keine Sorge, schon bald wacht der Krebs auf.

Seine Einstellung, daß finanzieller Erfolg erarbeitet und dann festgehalten werden muß, kommt zum Tragen. Er wird aufhören, das Geld mit beiden Händen auszugeben. In aller Ernsthaftigkeit und Genauigkeit wird er überlegen, wie und wo er es am günstigsten investieren kann. Als echter Krebs fällt ihm dazu eine Menge ein. Sorgfältig wird er nun abwägen, bei welchem Investment ihm die größte Rendite sicher ist.

Der Familie werden mit großer Wahrscheinlichkeit Sparkonten eingerichtet. Ist der Krebs ein Sammler, dann leistet er sich einige wertvolle Ergänzungsstücke, wobei er nicht auf die Mark schaut.

Krebse haben ein Flair für Werbung

Alles in allem lebt der Krebs bald wieder genauso sparsam wie vor dem unerwarteten Reichtum. Wichtig ist ihm allenfalls, sein Geld so zu verwalten, daß er den durch Göttin Fortuna oder durch harte Arbeit erreichten Standard nie wieder aufgeben muß.

Krebs-Damen sind gute Schmuck-Verkäuferinnen

Wenn der Krebs Pech hat

Wie verhalten Sie sich eigentlich, wenn Sie von einem plötzlichen finanziellen Desaster heimgesucht werden? Wie reagieren Sie auf unerwartete Krisen? Verlieren Sie sofort den Kopf oder schaffen Sie es, sich auch aus einer unangenehmen, schwierigen Situation zu befreien? Werden Sie mit Unabänderlichem fertig?

Lesen Sie das doch einmal nach, denn auch dieses Verhalten ist weitgehend von Ihrem Sternzeichen geprägt.

Um es vorweg zu nehmen: Der echte Krebs-Geborene ist kein leichter Verlierer. Als sentimentaler Mensch hängt er an allem, was sein ist. Finanzielle Verluste, die eventuell bedingen, daß er etwas, was ihm lieb ist, verkaufen muß, machen ihn todunglücklich.

Zum Glück liegt es jedoch in der Natur des Krebs-Geborenen, daß ihm so etwas nur selten passiert. Er ist ein vorsichtiger Mensch, der überlegt investiert und vorher genaue Berechnungen anstellt. Ist das Schicksal ihm einmal nicht so hold gewesen und ist er ohne eigenes Verschulden um einen Gewinn gekommen, dann wird er eher sparen und sich mit einem Existenzminimum zufrieden geben, als daß er sich von Dingen trennt, die ihm lieb geworden sind.

Für seine Angehörigen ist eine solche Zeit schwierig. Der Krebs-Geborene wird ungnädig und launenhaft und erst dann wieder zu seinem gewohnten Naturell zurückfinden, wenn es ihm gelungen ist, den Verlust wieder auszugleichen.

Kopflos handelt der Krebs-Geborene auch dann nicht, wenn sich so etwas wie eine Katastrophe abzeichnet. Bis zum letzten Moment wird er rechnen und kalkulieren – immer darauf bedacht, das Unglück doch noch abzuwenden.

Der große Test: Haben Sie überhaupt den richtigen Job?

Nichts ist für einen Menschen schlimmer, als Tag für Tag einer Arbeit nachgehen zu müssen, die ihm nicht liegt oder die ihn nicht interessiert. Studien haben gezeigt, daß solche Arbeitnehmer, die falsch eingesetzt werden, besonders schnell an Erschöpfungserscheinungen leiden und auffallend häufig krank sind.

Wie sieht das bei Ihnen aus? Haben Sie den richtigen Job? Testen Sie das doch einmal!

Nr. 1: Ist Ihre jetzige Arbeit mit einer weitgehenden finanziellen Entscheidungsgewalt verbunden?

Nr. 2: Sind Sie da, wo Sie jetzt beschäftigt sind, am Umsatz bzw. am Gewinn der Firma beteiligt?

Nr. 3: Haben Sie einen eigenen festumrissenen Aufgabenbereich, in den Ihnen niemand dreinreden kann?

Nr. 4: Müssen Sie auch Leute führen bzw. können Sie auch Arbeit delegieren?

Nr. 5: Haben Sie eine gute, zuverlässige Sekretärin?

Nr. 6: Gibt es in Ihrer Firma die gleitende Arbeitszeit?

Nr. 7: Können Sie da, wo Sie jetzt beruflich eingesetzt sind, im weitesten Sinn kreativ sein?

Nr. 8: Könnten Sie sich vorstellen, daß Sie einen Teil Ihrer Arbeit auch auf freiberuflicher Basis erledigen könnten?

Nr. 9: Haben Sie seit vielen Jahren den gleichen Job?

Nr. 10: War für Ihre jetzige Position eine Ausbildung nötig?

Nr. 11: Können Sie in aller Ruhe die an Sie gestellten Aufgaben erledigen, ohne daß Sie durch ständigen Kleinkram gestört werden?

Nr. 12: Ist Ihre Arbeit im weitesten Sinn auch Ihr Hobby?

Nr. 13: Passiert es Ihnen häufig, daß Sie auch am Wochenende an Ihre Arbeit denken?

Nr. 14: Fühlen Sie sich für das, was Sie leisten, adäquat bezahlt?

Nr. 15: Bestehen für Sie ernstzunehmende Aufstiegsmöglichkeiten?

Geben Sie sich für jede Frage, die Sie mit einem Ja beantworten mußten, zwei Punkte, für jede mit einem Nein beantwortete Frage je einen Punkt und zählen Sie dann Ihre Punkte zusammen.

15–20 Punkte:

Daß Sie besonders glücklich in Ihrer jetzigen Firma bzw. an Ihrem augenblicklichen Arbeitsplatz sind, kann wirklich nicht behauptet werden. Nur aus Pflichtgefühl zwingen Sie sich dazu, pünktlich und regelmäßig Ihre Arbeit zu erledigen. Spaß macht sie Ihnen jedoch nicht.

Sie haben das Gefühl, daß ein großer Teil Ihrer Fähigkeiten überhaupt nicht ausgeschöpft werden. Sie fühlen sich unterbewertet, zu wenig beachtet, zu niedrig bezahlt. Das ist natürlich keine Basis, um Überdurchschnittliches zu leisten.

Ihnen wäre zu raten, einmal ernsthaft Bilanz zu ziehen. Wollen Sie auf Dauer so weitermachen? Oder gibt es nicht vielleicht auch für Sie Veränderungsmöglichkeiten oder Aufstiegschancen? Auf alle Fälle ist es erforderlich, daß Sie so schnell wie möglich mit Ihrem Vorgesetzten sprechen. Auch ein klärendes Gespräch mit Ihrer Partnerin wäre wichtig. Vielleicht können Sie von dort neue Impulse, aber auch neue Ermutigungen bekommen.

21–25 Punkte:

Sie haben gute und schlechte Tage. An den guten Tagen fällt Ihnen die Arbeit leicht und geht Ihnen auch leicht von der Hand. Sie schaffen dann überdurchschnittlich viel, und all das, was Sie erledigen, ist auch noch von besonderer Qualität. Dann hingegen kann es Ihnen passieren, daß Ihnen die Arbeit über den Kopf zu wachsen droht. Sie brauchen ungewöhnlich lange, um die an Sie gestellten Aufgaben zu erfüllen. Das frustriert Sie selbst. Daß Sie dadurch aber auch bei Ihrem Vorgesetzten nicht gerade Pluspunkte einsammeln, ist Ihnen klar.

Sie sollten sich einmal die Zeit nehmen, genau zu beobachten, wann Ihnen die Arbeit Spaß macht und wann Sie Ihnen schwerfällt. Vielleicht läßt sich daraus ein Verhaltensmuster erkennen, das es Ihnen erlaubt, zu bestimmen, welche Aufgaben Ihnen gar nicht liegen und welche Ihnen auf den Leib geschneidert sind. Sprechen Sie dann mit Ihren Mitarbeitern und Vorgesetzten. Sicherlich ist es Ihren Chefs auch lieber, wenn Sie nur da eingesetzt werden, wo Sie optimale Arbeit leisten können.

Auch könnte es sicherlich nicht schaden, wenn Sie versuchen, etwas mehr Kreativität in Ihren täglichen Arbeitsbereich einzubauen. Das belebt Sie und ist für Sie der beste Weg, Karriere zu machen.

26–30 Punkte:

Sie sind ein Glückspilz. Ihre Arbeit ist interessant, macht Ihnen Spaß und wird auch noch überdurchschnittlich honoriert. Kein Wunder, daß Sie morgens schon voller Elan als einer der ersten in der Firma sind. Kein Wunder auch, daß Sie um sich herum ein gutes Betriebsklima haben, denn Sie verbreiten Optimismus, Heiterkeit und eine sogar für den Krebs gar nicht typische Fröhlichkeit.

Bleiben Sie auch weiterhin am Ball. Nichts wäre schlimmer, als wenn Sie sich nun auf Ihren Lorbeeren ausruhen würden. Sie haben Ihre jetzige Position nicht durch Zufall, sondern durch harte Arbeit und Ihren Fleiß errungen. Also müssen Sie schon bei der Stange bleiben.

Eines sollten Sie sich klar machen: Einige Ihrer Mitarbeiter haben beinahe Angst vor Ihnen. Da Ihnen der augenblickliche Job so auf den Leib geschrieben ist, sind Sie von einer Krebs-untypischen Schnelligkeit. Sorgen Sie dafür, daß man Sie nie für arrogant hält. Sonst nämlich könnte es sein, daß Sie von zu vielen Neidern umgeben wären, die Ihnen die so erfolgreiche Arbeit letztendlich doch noch vermiesen würden.

Der Krebs und seine Gesundheit

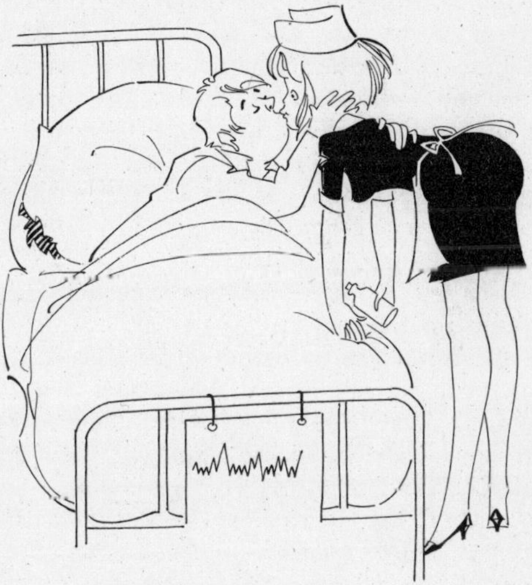

Der Krebs und sein Körper

Allein von der Wortgleichheit her wird häufig angenommen, daß die unter dem Zeichen des Krebses Geborenen auch besonders anfällig sind für die heimtückische Krebskrankheit. Das ist natürlich nicht der Fall.

Anfällig dagegen sind die Krebs-Geborenen in der Magengegend und im Brustkorbbereich. Asthma kommt gehäuft vor, ferner Magenschleimhautentzündungen sowie nervöse Magenbeschwerden. Aber auch der Halsbereich sollte immer wieder untersucht werden.

Weibliche Krebs-Geborene sind besonders anfällig für Wasseransammlungen im Körper, für gesundheitliche Schwierigkeiten während der Schwangerschaft und der Stillzeit sowie für Kopfschmerzen und migräneähnliche Beschwerden. Hier kann Abhilfe geschaffen werden, wenn auf etwas mehr Ruhe geachtet wird und wenn man versucht, die Doppelbelastung von Beruf und Haushalt zu vermeiden.

Die männlichen Krebse dagegen werden mit zunehmendem Alter anfälliger. Waren sie noch mit zwanzig und dreißig Jahren stark wie Bären, die nichts aus den Schuhen kippen konnte, so plagt sie mit fünfzig und mehr Jahren so manches Wehwehchen. Ernstzunehmende Beschwerden sind es jedoch im allgemeinen nicht. In erster Linie handelt es sich dabei um allgemeine Erschöpfungszustände, die nicht selten darauf zurückzuführen sind, daß die Krebs-Geborenen anfangen, sich ein weiches Polster für die Jahre nach der Pensionierung zu schaffen. Dabei können sie sich kräftemäßig übernehmen, weil sie nun mal keine siebzehn mehr sind.

Welcher Art auch immer die Beschwerden sind, mit denen Krebs-Geborene sich abzuplagen haben – der Ursprung ist fast immer der gleiche: die Vertreter dieses Tierkreiszeichens machen sich einfach zu viele Sorgen und leben mit zu vielen Ängsten. Das macht sie anfällig für eine ganze Reihe von Beschwerden. Es zeigt aber auch, daß es sich bei den Leiden sehr oft um psychosomatische Beschwerden handelt, um solche Probleme also, die mehr durch psychische als durch physische Grundübel verursacht werden.

Alles in allem ist der Krebs-Geborene ein erfreulich gesunder Mensch, der über einen starken Knochenbau und im allgemeinen auch über eine gute Muskulatur verfügt. Das soll jedoch nicht heißen, daß man sich nicht um die Leibesertüchtigungen und den Sport schlechthin zu kümmern hat; ganz im Gegenteil: Regelmäßiges Training von frühester Jugend an ist das beste Mittel, bis ins hohe Alter fit zu bleiben.

Drei goldene Gesundheitsregeln für alle Krebs-Geborenen

Nr. 1: Nehmen Sie das Leben leichter. Bemühen Sie sich intensiv darum, sich nicht durch jede Kleinigkeit aus dem Gleichgewicht bringen zu lassen.

Nr. 2: Sorgen Sie für ausreichend Ausgleichssport und Bewegung. Sie sind vom Naturell her ein Mensch, der ganz gut Fünfe gerade sein lassen kann und dem die Ruhe wichtig ist.

Nr. 3: Sie brauchen, da Sie hart arbeiten und sich dabei voll engagieren und außerdem ein Typ sind, der sich von innen heraus aufreibt, besonders viel Schlaf.

Der Krebs und seine Ernährung

Ein gesunder Geist in einem gesunden Körper – wer möchte dieses Ideal nicht erreichen? Wußten Sie, daß die Astrologie Ihnen helfen kann, diesen erstrebenswerten Zustand herzustellen? Ihr Sternzeichen ist schließlich nicht nur verantwortlich für Ihren Lebensweg, für Ihre Reaktionen auf bestimmte Situationen sowie weitgehend für Ihren Charakter, sondern auch für Ihr körperliches Wohlbefinden. Richtig interpretiert, kann es Ihnen den Weg zeigen, den Sie einschlagen müßten, um gesünder zu leben und gesünder zu sein.

Vor allem die Ernährung spielt eine wichtige Rolle. Lernen Sie doch einmal, welche Nahrungsmittel für Sie als Krebs von ausschlaggebender Bedeutung sind und mit Hilfe welcher Diät Sie Ihrer Gesundheit und damit Ihrem allgemeinen Wohlbefinden den größten Gefallen tun können.

Unter dem Sternzeichen des Krebs geborene Menschen leiden unter einem Mangel an Kalzium. Auch Schwefelspurenelemente sind häufig zu geringfügig vorhanden. Enthält die Nahrung nicht genug Kalzium, dann stellen sich eine ganze Reihe von Mangelerscheinungen ein. Das Gewebe neigt zur frühen Erschlaffung. Auch können sich Beschwerden wie Krampfadern und alle mit einer schlechten Haltung verbundenen Leiden einstellen.

Die folgenden Nahrungsmittel enthalten besonders viel Kalzium.

Weißkohl und *Rotkohl* sind hervorragende Nahrungsmittel für den Krebs-Menschen, der zu Magenbeschwerden und schlechter Verdauung neigt. Außerdem wird durch die im Kohl enthaltenen Spurenelemente der Arterienverkalkung vorgebeugt. Auch für die heranwachsenden Kinder, deren Knochengerüst noch nicht voll entwickelt ist, sind die Kohlsorten ausgezeichnete, empfehlenswerte Nahrungsmittel. Besonders wirkungsvoll ist der Kohl dann, wenn er roh und nicht gekocht genossen wird.

Für den Krebs ferner zu empfehlen ist *Wasser-* bzw. *Brunnenkresse.* Jedoch ist eine gewisse Vorsicht angebracht, denn ein Zuviel an Kresse kann zu Gallenreizungen führen. Wasserkresse reinigt das Blut und hilft, den Körper zu entschlacken. Außerdem gilt die Wasserkresse als Beruhigungsmittel auf natürlicher Basis und hilft, Einschlafschwierigkeiten zu überwinden.

Nicht nur für die unter dem Zeichen des Krebses geborenen Kinder, sondern auch für die Erwachsenen dieses Sternzeichens ist *Milch* ein empfehlswertes Nahrungsmittel. Auch Käse und Quark sowie Joghurt und Kefir enthalten besonders viel Kalium und Kalzium.

Ebenfalls empfehlswert sind *Pflaumen* in jeder Darreichungsform, denn sie enthalten nicht nur sehr viel Kalzium, sondern regen auch die bei Krebs-Geborenen oft verlangsamte Verdauung und das gesamte Stoffwechselgeschehen an.

Am wirkungsvollsten sind die Pflaumen dann, wenn sie gut gewaschen wurden und danach für 24 Stunden in kaltem Wasser gelegen haben. Beides, sowohl die Früchte als auch das Wasser, sollten nun genossen werden.

Besonders gut sind *Zwiebeln.* Sie sorgen dafür, daß überflüssige Wasseransammlungen aus dem Körper ausgeschwemmt werden, beugen Erkältungen und Katarrhen vor und befreien den Körper von Schlacken.

Gut für die Nerven sind Zwiebeln unter anderem auch deshalb, weil sie sehr viel Phosphor enthalten. In jeder Form sind die Zwiebeln für den Krebs-Geborenen empfehlenswert. Ganz besonders gut ist es jedoch, wenn er hin und wieder auch einmal ein paar Scheiben roher Zwiebeln zu sich nimmt.

Zu weiteren Nahrungsmitteln, die allen Krebs-Geborenen empfohlen werden können, gehören: Apfelsinen, Zitronen, Petersilie, Schnittlauch, Rosinen, Eigelb und Vollkornbrot.

Kraftschnitte

Zutaten:
½ Zwiebel,
2–3 Eßlöffel Hüttenkäse
1 kleine Prise Salz,
5–10 g Margarine oder Butter
1–2 Scheiben Vollkornbrot

Zubereitung: Hacken Sie die halbe Zwiebel ganz fein und mischen Sie sie unter den Hüttenkäse. Bestreichen Sie das Vollkornbrot mit der Margarine oder der Butter, würzen Sie mit etwas Salz und streichen Sie nun die Hüttenkäse-Zwiebel-Mischung darüber.

Der maßgeschneiderte Krebs-Urlaub

Sicher ist Ihnen das schon passiert: Sie haben einen scheinbar wunderschönen, fürchterlich teuren Urlaub gebucht, sind erwartungsvoll dorthin gefahren, hatten sogar zauberhaftes Wetter und waren vernünftig untergebracht, und dennoch kamen Sie wie gerädert zwei oder drei Wochen später wieder nach Hause. Was war geschehen? Die Antwort ist einfach: Sie hatten sich ein Urlaubsziel ausgesucht, das Ihrem astrologischen Typ überhaupt nicht entsprach. Wissen Sie denn überhaupt, was für ein Urlaubstyp Sie sind? Wo erholen Sie sich am besten? In den Bergen, am Strand, zu Hause?

Lernen Sie, ehe Sie die nächsten Ferien planen, welche Form der Entspannung gerade für Sie maßgeschneidert und richtig ist.

Zu einem Urlaub zu Hause, auf dem Balkon, ist dem Krebs-Geborenen eigentlich nicht zu raten. Sie sind vom Naturell her zu langsam, zu behäbig, um wirklich viel aus diesen Wochen in den eigenen vier Wänden zu machen. Sie brauchen aber, um sich wirklich erholt und entspannt zu fühlen, neue Impulse, neue Anregungen, neue Erlebnisse.

Die schaffen Sie sich bei einem Urlaub zu Hause nur dann, wenn es Ihnen zum Beispiel dank Ihres Partners gelingt, sich Krebs-atypisch zu verhalten und immer wieder Neues zu unternehmen. Gehen Sie ins Theater und ins Kino. Machen Sie Wanderungen und Picknicks. Lernen Sie Ihre nähere und weitere Umgebung kennen. Gönnen Sie sich nette Abende im Restaurant. Laden Sie Freunde ein und veranstalten Sie auch einmal mitten in der Woche eine großartige Fete. Nur so können Sie nach den Ferien daheim wirklich von sich behaupten, Urlaub gemacht zu haben.

Auch für den *Camping-Urlaub* sind Sie nicht gerade der richtige Typ. Sie haben es ganz gern bequem, so daß es passieren könnte, daß Sie sich in einem kleinen Zelt, vor allen Dingen dann, wenn es regnet, vielleicht nicht wohlfühlen. Es darf jedoch nicht der Zelturlaub in Bausch und Bogen für Sie verdammt werden. Da Sie erfindungsreich und kreativ sind, gehören Sie zu jenen Menschen, die auch aus einem Campingplatz so etwas wie eine wunderschöne Umgebung machen können. Sie können improvisieren und es sich in einem Steilwandzelt so richtig gemütlich machen. Wichtig ist es in einem solchen Fall jedoch, daß Sie mit den richtigen Leuten unterwegs sind. Allein macht ein solcher Urlaub keinen Spaß, und wenn Sie den falschen Partner dabei haben, auch nicht. Wählen Sie also die Leute, die Sie begleiten sollen, sorgfältig aus.

Zu einem *Bildungsurlaub* ist Ihnen hingegen zu raten, immer vorausgesetzt, es handelt sich um Studienobjekte, die Sie wirklich interessieren. Sie fügen sich gut in eine Gruppe ein und könnten durchaus Ihren Spaß daran haben, nun mehr über die alten Griechen, die alten Römer oder beispielsweise über die Schlösser an der Loire zu erfahren. Als gründlicher Mensch haben Sie sich natürlich schon vorher ausführlich über das Wissensgebiet informiert. Besonders günstig ist es, wenn die Studienreise der Fortbildung auf einem Gebiet dient, das Sie bereits zu Ihrem Hobby erkoren haben.

Für *Gruppenreisen* schlechthin sind Sie nicht der ideale Mitfahrer. Sie sind viel zu sehr Individualist, um sich 24 Stunden am Tag anzupassen und unterzuordnen.

Ihnen liegt es viel mehr, Ihre eigene Organisation in die Hand zu nehmen und dem Augenblick und der Laune gehorchend einmal etwas zu unternehmen, was nicht schon Wochen vorher geplant war. Gruppenreisen sind für Sie nur dann interessant, wenn es sich bei den Mitreisenden um Menschen handelt, die Sie bereits lange kennen, beispielsweise um einen Verein oder eine Freundschaftsgruppe.

Erlebnisferien – auf den ersten Blick scheint das wie maßgeschneidert für den Krebs-Geborenen. Das kann jedoch ein Irrtum sein. Als echter Krebs sind Sie empfindlich und manchmal auch eine Spur zu ängstlich. Es kann Ihnen also durchaus passieren, daß Sie von den ganzen schönen Abenteuern schon deshalb nicht viel haben, weil Sie ständig in Sorge sind, es könnte Ihnen etwas

Krebse genießen Camping-Urlaube

passieren. Daher sind Erlebnisferien für Sie nur dann richtig, wenn es sich dabei um eine bereits erprobte, sehr genau durchorganisierte Tour handelt, auf der nichts mehr passieren kann.

Obwohl Sie ein Familienmensch sind und Sinn für Verwandtschaft haben, kann Ihnen nicht dazu geraten werden, Ihren Urlaub bei irgendwelchen Onkeln und Tanten zu verbringen. Fast unweigerlich kommt es bei solchen Ferien zu Reibereien. Man versucht, einander aus dem Weg zu gehen, weil man gemerkt hat, daß man sich gegenseitig auf die Nerven fällt. Das jedoch bedeutet, daß man nicht jene Entspannung findet, die Sinn von Ferien ist. Verwandtenbesuche sollten sich, wenn sie schon sein müssen, auf wenige Tage beschränken.

Krebse lieben Kunstsammlungen

Auch als Senioren sollten Krebse noch ihren Spaß haben

Zwölf goldene Regeln, die Ihnen helfen, das Beste aus Ihren schönsten Jahren zu machen

Krebs-Geborene neigen mehr als die anderen Sternzeichenvertreter dazu, im Alter eine ruhige Kugel zu schieben und ganz der natürlichen Behäbigkeit zu verfallen. Ihrer Gesundheit und dem allgemeinen Wohlbefinden tun sie damit jedoch keinen besonderen Gefallen. Sie brauchen Abwechslung, Anregung und Menschen, die für sie die Initiative übernehmen, wenn sie nicht vorzeitig altern sollen.

Regel Nr. 1
Freunde

Damit, liebe Menschen zu suchen, mit denen man auch im Alter noch gut auskommt, die einem im Alter helfen, die Zeit zu vertreiben, sollte man nicht erst nach der Pensionierung beginnen. Viel vernünftiger ist es, sich schon während jener Zeit, in der man im beruflichen Leben steht und Kontakt zu vielen Kollegen und Kolleginnen hat, Freundschaften aufzubauen, die erst später, wenn man wirklich füreinander Zeit hat, von großer Bedeutung werden. Auch ist es sehr viel einfacher, mit solchen Mitmenschen gut auszukommen, die man seit längerer Zeit kennt und mit denen man eine gemeinsame Vergangenheit hat, auf die sich in Gesprächen und Erinnerungen zurückgreifen läßt.

Dennoch: Machen Sie nicht den Fehler, sich nur gleichaltrige

Freunde oder aber solche zu suchen, die den gleichen Beruf hatten wie Sie selbst. Für Sie wird es gerade in den reiferen Jahren wichtig und stimulierend sein, zu solchen Männern und Frauen Kontakt zu haben, die entweder einer anderen Altersgruppe angehören oder einen anderen beruflichen Hintergrund haben. Sonst laufen Sie Gefahr, sich in einem Netz von immer gleichbleibenden Gedanken und Vorstellungen zu fangen und einander schnell auf die Nerven zu fallen.

Regel Nr. 2
Hobbys

Gehen Sie um Himmels willen nicht davon aus, daß Sie erst pensioniert sein müssen, ehe Sie Zeit haben werden, sich um Ihre Hobbys zu kümmern.

Dann nämlich, so haben Studien gezeigt, ist es zu spät, um sich noch für ein neues Steckenpferd zu begeistern. Richtiger und wichtiger ist es, schon jetzt, auch wenn sie knapp bemessen ist, in vorhandener Freizeit Beschäftigungen nachzugehen, die Ihnen Spaß machen und die Sie später zu auch zeitraubenden Hobbys ausbauen können.

Sammeln Sie jetzt schon Briefmarken, wenn Sie sich dafür interessieren. Belegen Sie Kurse, um zum Beispiel Ikebana, die Kunst des japanischen Blumensteckens, zu lernen. Werden Sie ein perfekter Hobby-Koch oder eine perfekte Köchin. Lernen Sie, Ihre Kleider selbst zu nähen. Suchen Sie sich in der Botanik oder auf irgendeinem anderen naturwissenschaftlichen Gebiet einen Fachkreis heraus, der Sie interessiert und über den Sie nun besonders viel lesen und lernen möchten. Verschreiben Sie sich der Folklore oder dem Tanz. Lernen Sie, ein Instrument spielen, auch wenn Sie dazu noch keine Zeit haben.

In den reiferen Jahren wird Ihnen diese Initiative zugute kommen.

Regel Nr. 3
Sport

Treiben Sie jetzt schon Sport. Warten Sie nicht, bis Sie vierzig, fünfzig oder mehr Jahre alt sind. Das wäre auch für Sie und Ihren Körper nicht gut. Medizinische Untersuchungen haben bewiesen: Wer in seinem Leben den größten Teil träge und sportlich inaktiv gewesen ist, kann sich später auf diesem Gebiet kaum noch etwas zumuten. Ein Körper dagegen, der kontinuierlich trainiert wurde, bleibt bis ins hohe Alter belastbar und elastisch.

Wichtig ist ja nicht Ihr chronologisches Alter, sondern vielmehr jenes, das durch die Belastbarkeit, Elastizität, Ausdauer und Sportlichkeit Ihres Körpers festgestellt ist. Sollten Sie erst jetzt mit einem regelrechten Trainingsprogramm beginnen, dann gilt zu bedenken: Mit rekordverdächtigen Höchstleistungen fängt man nicht an. Besser und richtiger ist es, das Programm langsam zu steigern und sich am Anfang nicht zuviel zuzumuten – wieder eine Aufgabe, die Ihnen als Krebs-Geborenem begreiflicherweise schwerfällt. Ihnen würde es liegen, sich gleich wieder kopfüber in die neue Aufgabe zu stürzen, doch das sollten Sie im Interesse Ihres Wohlbefindens lassen.

Regel Nr. 4
Reisen

So mancher ältere Mensch hat es schon bedauert, daß er in jüngeren Jahren nicht genug von der Welt gesehen hat. Machen Sie nicht den gleichen Fehler. Verlegen Sie nicht alle größeren und aufregenderen Reisen auf einen späteren Zeitpunkt. Schließlich haben Sie auch jetzt Urlaub. Und vor allem: Im Moment sind Sie noch rüstig, unternehmungsfreudig und aufnahmebereit, so daß Sie von diesen Reisen auch wirklich etwas haben. Wenn es sich finanziell einigermaßen einrichten läßt, sollten Sie jetzt, solange Sie noch im Berufsleben stehen, wenigstens einmal im Jahr eine größere Reise unternehmen, schon um auf diese Art und Weise festzustellen, welche Länder Ihnen liegen und welche Form der Ferien für Sie richtig ist.

Seien Sie dabei nicht träge. Sie tun sich keinen Gefallen, wenn

Die Auto-Industrie ist ein guter Wirkungskreis für Krebs-Geborene

Sie sich für eine ganz bestimmte Pension in einem ganz bestimmten Ferienort einmal begeistert haben und von nun an jedes Jahr mindestens einmal hierher zurückkehren. Das können Sie immer noch, wenn Sie Senior sind. Jetzt, während der aktiven und beweglichen Jahre haben Sie mehr davon, immer wieder Neues kennenzulernen.

Regel Nr. 5
Clubs

Wägen Sie Ihre diversen Hobbys einmal sorgfältig gegeneinander ab. Welches sagt Ihnen am meisten zu? Von welchem können Sie sich vorstellen, daß Sie sich auch in reiferen Jahren noch intensiv damit beschäftigen? Wenn Sie sich auf diese Fragen keine Antwort geben konnten, sollten Sie einem einschlägigen Verein beitreten. Das kann ein Sportclub sein, ein Segelverein, ein Tennisclub, eine Gruppe Musizierender, ein Schachverein, ein Kreis der Briefmarkensammler, der Flugzeugmodellbauer, der Tierzüchter und was noch immer es auf diesem Gebiet gibt. Wichtig ist nur, daß Sie sich rechtzeitig einen Kreis Gleichgesinnter, gleichinteressierter Menschen suchen, der Ihnen später, wenn Sie sehr viel mehr Freizeit haben werden als im Moment, wichtige Dienste erweisen wird.

Regel Nr. 6
Zweierbeziehung

Gehen Sie einmal bewußt davon aus, daß Sie Ihre zweiten Flitterwochen in dem Moment verbringen können, in dem die Kinder aus dem Haus und in dem Sie beruflich nicht mehr so angespannt sind wie früher. Zum Beispiel während der Zeit nach der Pensionierung. Konzentrieren Sie sich intensiv auf Ihren Partner. Lernen Sie ihn noch einmal von vorn kennen. Gehen Sie auf seine Wünsche und Vorstellungen ein. Entdecken Sie ihn neu. Dieses Verhalten unter Eheleuten ist besonders wichtig, denn im Alter sind es Mann und Frau, die weitgehend aufeinander angewiesen sind. Je älter man wird, desto kleiner wird auch der Kreis jener Menschen, die im eigenen Leben eine Rolle spielen. Der Partner wird ganz automatisch wieder zur Nummer eins. Das klappt um so besser, je intensiver man einander kennt und je inniger man miteinander zu leben versteht.

Wichtig ist in diesem Zusammenhang auch, daß beide Partner versuchen, neue, gemeinsame Interessen zu finden, die sie verbinden. Reibereien und Streitigkeiten werden vermieden, wenn Mann und Frau mitunter auch dem gleichen Verein angehören oder doch zumindest jeder das Hobby des anderen nicht nur akzeptiert, sondern sogar versteht.

Regel Nr. 7
Kinder

Noch während Ihre Kinder klein sind, müssen Sie dafür sorgen, daß sie später, wenn sie erwachsen sind, ein gutes, gesundes Verhältnis zu Ihnen haben. Wer seine Söhne und Töchter zu eng an sich bindet, läuft Gefahr, daß sie sich endgültig vom Elternhaus entfernen, sobald sie auf eigenen Füßen stehen.

Das Verhältnis zwischen Eltern und Kindern gestaltet sich erfahrungsgemäß um so inniger, je lockerer die Leine war, an der die Kinder lagen, je großzügiger die Erziehung gehandhabt wurde und je mehr das gegenseitige Verhältnis von Vertrauen und Freiheit geprägt war.

Bauen Sie Ihre Senioren-Zeit um Himmels willen nicht auf den Kindern auf. Gehen Sie also nicht davon aus, daß der Sohn oder die Tochter Sie schon aufnehmen werden. Planen Sie für sich selbst, für Ihr eigenständiges, unabhängiges Leben.

Das muß ja nicht heißen, daß Sie nicht im Notfall für Ihre Kinder und Enkel zur Verfügung stehen. Aber machen Sie daraus nicht Ihren Lebensinhalt.

Regel Nr. 8
Vorbereitung

Bereiten Sie sich auf die Pensionierung intensiv und rechtzeitig vor, Sie kennen ja den berühmten Pensionierungsschock. Er überfällt vornehmlich jene Menschen, die ein Leben lang mit ihrem Beruf mehr oder weniger verheiratet waren und die neben der Karriere keine anderen Interessen hatten. Gönnen Sie sich rechtzeitig Interessen, die mit Ihrer Arbeit nicht das geringste zu tun haben. Und machen Sie sich wieder und wieder gedanklich mit dem Moment vertraut, in dem Sie aus der Firma ausscheiden. Erst dann damit zu beginnen, sich so etwas wie ein Freizeitprogramm aufbauen zu wollen, wäre falsch. Am besten sind jene Menschen dran, die für die Zeit nach der Entlassung aus dem Beruf bereits einen prall gefüllten Kalender voller Aktivitäten haben, so daß sie im ersten Moment kaum wissen, wo sie beginnen wollen.

Regel Nr. 9
Neuorientierung

Viele Frauen neigen dazu, ganz in ihrem Dasein als Hausfrau und Mutter aufzugehen. Sie leben durch und durch für ihre Kinder. Sie vernachlässigen ihre eigenen Interessen und Wünsche, um ausschließlich für die Familie dasein zu können. Sie machen es sich meistens nicht klar, aber ihr Leben hat sehr viel mit dem Dasein eines Märtyrers gemeinsam.

Gerade solche Frauen tun sich besonders schwer, wenn die Kinder eines Tages aus dem Haus sind. Sie fühlen sich plötzlich überflüssig und alt, sind der Meinung, daß ihr Leben seinen Inhalt verloren hat und werden mit dem ständigen Alleinsein nicht mehr fertig.

Hier ist es wichtig, sich innerlich und seelisch rechtzeitig und endgültig von den Kindern zu trennen und zu akzeptieren, daß sie ein Recht haben auf ihr eigenes, selbständiges Leben. Genauso wichtig ist es aber auch, sich für diesen Tag vorzubereiten. Auch eine Frau, die jahrzehntelang durch Haushalt und Kinder ausgefüllt war, braucht daneben Hobbys und eine Vielzahl anderer Aktivitäten, denen sie nachgehen kann, wenn ihre Pflichten als Mutter nicht mehr gebraucht werden.

Richtig ist es auch, sich in diesem Moment wieder mehr auf den Partner zu konzentrieren, mehr auf ihn einzugehen und gemeinsam mit ihm neue Beschäftigungen zu entwickeln.

Krebse könnten große Politiker sein

Regel Nr. 10
Fitness

Wenn Sie von Ihren reifen Jahren etwas haben wollen, ist eine gute Konstitution die beste und wichtigste Voraussetzung dafür. Fangen Sie rechtzeitig mit einem regelmäßigen Fitness-Programm an. Sie tun Ihrer Linie und Ihrem allgemeinen Wohlbefinden den größten Dienst, wenn Sie täglich – und sei es auch nur wenige Minuten – Gymnastik und mindestens einmal in der Woche Sport treiben. Gehen Sie täglich, wenn eben einzurichten, spazieren. Nehmen Sie nicht jedes Mal den Fahrstuhl. Gehen Sie, wenn Sie einen Brief einwerfen müssen, zu Fuß, und lassen Sie das Auto auch einmal in der Garage.

Bewegen Sie sich, wann und wo auch immer Sie können. Machen Sie nicht immer nur Erholungsurlaub, sondern auch einmal Aktivurlaub. Steigen Sie, auch wenn Sie schon einige Jahrzehnte auf dem Buckel haben, getrost wieder einmal auf Ihr Fahrrad.

Verschreiben Sie sich möglichst einem Sport oder einem Fitness-Programm, bei dem der gesamte Körper einigermaßen gleichmäßig belastet wird. Ideal sind dafür Schwimmen, Wandern, Radfahren und Skilanglauf.

Regel Nr. 11
Kultur

Ihr kulturelles Leben sollte nicht erst beginnen, wenn Sie sechzig Jahre alt sind. Die notwendige Zeit für gelegentliche Theaterbesuche, für Konzerte, Filme, Ausstellungen und Vorträge können Sie auch jetzt, solange Sie noch im beruflichen Leben stehen bzw. als Hausfrau und Mutter belastet sind, durchaus aufbringen. Versuchen Sie darüber hinaus, Ihr kulturelles Leben und Ihre kulturellen Interessen mit menschlichen Kontakten zu verbinden. Schaffen Sie sich einen Kreis, den Sie regelmäßig zu Theater- oder Museumsbesuchen treffen. Suchen Sie sich Seelenverwandte, Gleichgesinnte, die dafür sorgen werden, daß Sie auch später aktiv am kulturellen Geschehen Ihrer Gemeinde teilnehmen, denn Sie wissen ja: Eine ganze Reihe von Unternehmungen nimmt man sich zwar immer wieder vor, aber im letzten Moment kriegt man dann doch nicht die Kurve. Es sei denn, man hat ein oder zwei Menschen, die einen ermutigen, das Geplante in Angriff zu nehmen.

Regel Nr. 12
Aufgaben

Wenn Sie nicht gerade zu jenen Menschen gehören, die eine ausgeprägte soziale Ader haben, dann sollten Sie sich für Ihre Seniorenzeit vielleicht nicht unbedingt einen gemeinnützigen Job suchen. Wichtig ist jedoch, daß Sie irgendeine sinnvolle Aufgabe finden, die Ihnen auch dann noch das Gefühl gibt, gebraucht zu werden, wenn Sie nicht mehr im aktiven Berufsleben stehen.

Diese Aufgabe muß ja nicht unbedingt ein tägliches Programm sein. Es reicht, wenn Sie pro Woche einige Stunden irgendwo einen Einsatz haben, der Ihnen das Bewußtsein vermittelt, noch nicht zum alten Eisen zu gehören.

Übrigens: Gehen Sie an Ihre Seniorenjahre von vornherein mit einem positiven Gefühl heran. Machen Sie sich klar, daß sie zu den schönsten Jahren Ihres Lebens werden können, daß sie noch voller Aktivitäten sein können und sie es Ihnen ermöglichen, endlich all jene Dinge zu tun, zu denen Ihnen bisher die Muße fehlte.

Wer die Jahre nach der Pensionierung als ein Alter betrachtet, in dem bereits alles gelaufen ist, altert erfahrungsgemäß besonders schnell und neigt darüber hinaus dazu, zum Miesepeter zu werden, mit dem sich kaum jemand beschäftigen möchte.

Der gute Rat zum Schluß: Für Seele, Körper und Gemüt ist es von ausschlaggebender Bedeutung, daß Sie nicht dem Irrglauben unterliegen, körperliche Liebe und erfüllender Sex seien der Jugend vorbehalten. Intimitäten sind auch in fortgeschrittenem Alter normal, beglückend, gesundheitsfördernd und empfehlenswert. Ärzte haben festgestellt, daß solche Menschen, die sich ihre Sexualität zu erhalten wissen, durchschnittlich eine höhere Lebenserwartung haben, weil sie sich mehr vor Streß schützen als andere und ihrem Dasein die Sonnenseiten abzugewinnen vermögen.

Krebse sind immer gepflegt und gut angezogen

Das Erfolgsbrevier für Ihre eigene Zufriedenheit

Wer mit sich und seiner Umwelt zufrieden durchs Leben gehen möchte, muß in erster Linie wissen, welche Dinge einen beglükken, welche einen erfüllen und beschäftigen, welche wichtig sind und welche man ablehnt. Astrologische Selbststudien sind Voraussetzung dafür, daß man lernt, von vornherein solche Situationen zu vermeiden, die einen ohnehin nur unglücklich oder ärgerlich machen können. Glücksaussichten hat jeder Mensch, der seine Ziele kennt und weiß, was ihn froh und heiter stimmt.

Lernen Sie hier sich und Ihre Krebs-Vorlieben kennen. Erfahren Sie ebenfalls, was Sie regelmäßig auf die Palme bringt. Dann nämlich haben Sie einen Schlüssel in der Hand, einen Mittelweg zu beschreiten, der Sie zu größerer Zufriedenheit bringt.

Das haben Krebse gern

Sie haben es gern, wenn man sich um Sie bemüht. Da Sie sehr unterhaltsam und sehr charmant sein können, lieben Sie es, auf einer Party Mittelpunkt zu sein.

Sie haben es gern, wenn Sie sich mit Recht sagen können, daß Sie gut aussehen. Das gilt für das Krebs-Fräulein ebenso wie für den Krebs-Herren. Eitelkeit ist in diesem Sternzeichen nun einmal groß geschrieben. Wie kaum eine andere Tierkreiszeichen-Vertreterin kann sich die Krebs-Frau stundenlang vor dem Spiegel drehen und sich von allen Seiten bewundern. Sie kann mit Ausdauer immer wieder neue Frisuren ausprobieren, sich schminken und schon als kleines Mädchen Mutters Kleiderschrank plündern.

Gern hat der Krebs-Geborene einen Job, der ihn in jeder Beziehung erfüllt. Er braucht eine Arbeit, die ihm erlaubt, sich auch kreativ zu betätigen und eigene Ideen zu entwickeln. Er mag es, wenn man ihm Anerkennung zollt. Da die Krebs-Geborenen sehr empfindsame, leicht verletzliche Menschen sind, haben sie es gern, wenn um sie herum ein ausgezeichnetes Betriebsklima herrscht. Schlechte Stimmung schlägt sich ihnen sofort aufs Gemüt.

Krebs-Geborene haben gern gutes Essen und Trinken. Sie legen sich dabei jedoch eine gewisse Mäßigung auf. Sie lassen sich zwar in einem Restaurant verwöhnen und sind auch gern eingeladen, aber es führt bei ihnen nicht immer gleich zur Völlerei, wenn man ihnen Gutes vorsetzt.

Da Sie die Abwechslung lieben und darüber hinaus alles Schöne, haben Sie es gern, wenn man Sie zu einem Theaterabend, zu einem Ballett, ins Kino oder zu sonst irgendeiner Vorführung einlädt. Da blühen Sie richtig auf, weil Sie sich für die Schönen Künste ganz allgemein interessieren, selbst mitunter eine künstlerische Ader haben und sich ganz hineinversetzen können in das Programm, das sich vor ihnen abspielt.

Sie haben gern schöne, erlebnisreiche Ferien, Reisen, die neue Impulse geben, darüber hinaus Abenteuer, die nicht so gefährlich scheinen, daß Sie glauben, sich fürchten zu müssen.

Gern haben Sie auch Ihre eigenen vier Wände und möglichst frühzeitig jene finanzielle Sicherheit, die es Ihnen erlaubt, gut einzuschlafen.

Ein Sparkonto beruhigt Sie. Es gibt Ihnen Sicherheit, wenn Sie wissen, daß Ihnen selbst dann nichts passieren kann, wenn Sie plötzlich Ihren Job verlieren. Wie kaum ein anderer Mensch bauen Sie vor. Sie sind vorsichtig und kalkulieren genau. Schon in jungen Jahren haben Sie meistens das Grundkapital für eine gewisse Selbständigkeit zusammen.

Gern haben Sie es auch, wenn Sie sich schon früh auf beruflichem Gebiet selbständig machen konnten. Auch arbeiten Sie mit Vorliebe freiberuflich, selbst wenn Sie sich eingestehen müssen, daß das eigentlich nicht Ihr Metier ist. Die Freiberuflichkeit setzt nämlich sehr viel Eigenständigkeit, Durchsetzungsvermögen, Konkurrenzdenken, vor allem aber starken Willen voraus, den Willen nämlich, auch dann beruflicher Arbeit nachzugehen, wenn keiner drängt, wenn es keine Termine gibt und wenn die Arbeitszeit nicht feststeht.

Krebs-Damen lieben schöne Blumen. Fast ist es auffallend, wenn man durch einen Ort mit vielen Gärten geht, daß es immer die Beete der Krebs-Frauen sind, die besonders ins Auge fallen – farbenfreudig, gepflegt und blühend.

Krebs-Frauen mehr als ihre männlichen Krebs-Brüder haben es gern, wenn sie ernstgenommen werden. Sie brauchen das Gefühl, daß man auch dann für sie da ist, daß man sie versteht, wenn sie sich hinter ihrer Ängstlichkeit verschanzen und mitunter so empfindlich sind, daß sie jedes Wort auf die Goldwaage legen. Sie brauchen dann einen starken Partner, an dessen Schultern sie Halt finden und der sie immer wieder tröstet.

Krebs-Herren sind aber in dieser Beziehung auch nicht so viel anders. Auch sie haben es gern, wenn man sie für voll nimmt und wenn man sie im häuslichen Rahmen immer wieder bestätigt.

Krebs-Väter sind dann die besten, wenn Mutter und Kinder zu ihnen aufsehen, wenn sie den absoluten Familienmittelpunkt bilden dürfen. Dann wachsen sie über sich selbst hinaus, sind einfallsreich und zu jedem Spaß bereit.

Krebs-Damen haben es gern – so paradox es auch klingen mag –, wenn sie mißverstanden werden. Das ist ein Gefühl, mit dem ihre zwiespältige Seele etwas anfangen kann. Sie grollen dann gern und ziehen sich in eine Ecke zurück. Sie schmollen so lange, bis man sie mit sehr viel Geduld und Überredungskraft aus dieser Ecke wieder hervorgeholt hat. Dann jedoch sind sie um so anschmiegsamer und zauberhafter, weil sie sich nun wieder verstanden fühlen.

Gern haben sie es überdies, wenn man ihrer anspruchsvollen Seele gerecht wird. Die Krebs-Frauen lieben mit ungewöhnlicher Tiefe und Leidenschaft. Sie brauchen also einen Partner, der diese Gefühle mit der gleichen Heftigkeit erwidert. Dann, nur dann ist die Basis gegeben für ein Dauerglück.

Und das macht Krebse rasend

Die große Sensibilität führt dazu, daß die Krebs-Menschen schnell auf der Palme sind, wenn sie sich verletzt oder angegriffen fühlen. Sie können sich einfach keine seelische Hornhaut zulegen. Es trifft sie zutiefst, wenn man auch nur ein böses Wort über sie verliert. Sie kriegen ganz schnell mit, wenn hinter ihrem Rücken Negatives über sie gesagt wird. Selbst wenn sie sich immer wieder einreden, daß es sich dabei um Geschwätz handelt, vielleicht durch Neid geboren, sind sie doch zutiefst betrübt und traurig.

Rasend macht es den Krebs-Geborenen, wenn er seine Sicherheit bedroht sieht. Er, der doch sonst ein sanftmütiger, friedfertiger Mensch ist, könnte zum reinsten Tyrannen werden, wenn er spürt, daß ihm ein anderer am Stuhlbein sägt.

Rasend macht es ihn, wenn man versucht, ihm wichtige Details vorzuenthalten. Der Krebs-Geborene muß einfach alles wissen. Er wittert sofort das schlimmste Unheil, wenn man ihm zum Beispiel die Ausrede bietet, irgendwelchen Nahestehenden ginge es bestimmt gut, schließlich sei keine Nachricht eine gute Nachricht. Mit einem solchen Hinweis macht man den echten Krebs nur nervös und überängstlich. Sofort stellt er sich das Schlimmste vor und ist erst beruhigt, wenn er sich persönlich vom Wohlergehen seiner Lieben überzeugt hat.

Auf die Palme bringt es die Krebs-Geborenen, wenn man sie mit zu vielen Fragen drängt. Sie können es nicht vertragen, wenn man bohrt, wenn man nach Antworten sucht, die sie nicht bereit sind zu geben.

Diese doppelte Moral, die sie an den Tag legen, halten sie selbst für absolut logisch. Sie sind der Meinung, daß man ihnen alles sagen muß, aber daß man ihnen andererseits auch das Recht auf ein Privatleben zuzubilligen hat. Daß sie auf diese Art und Weise, vor allen Dingen am Arbeitsplatz und in einer Zweierbeziehung, immer wieder in Schwierigkeiten geraten, versteht sich von selbst.

Ganz und gar nicht vertragen es die Krebs-Geborenen, wenn man sie mit seinen Problemen konfrontiert. Ihr großes Mitgefühl läßt sie nicht mehr schlafen. Sie werden sich das Hirn zermartern, wie sie helfen können, ohne jedoch mit einem patenten Ratschlag aufwarten zu können.

Rasend macht es den so hilfsbereiten Krebs-Geborenen, wenn man seine Unterstützung zurückweist. Lieber gibt er für seine Freunde das letzte Hemd, als daß er sich nachsagen läßt, nicht großzügig gewesen zu sein. Und lieber nimmt er auch einmal in Kauf, nach allen Regeln der Kunst ausgenutzt zu werden. Letzteres passiert ihm ohnehin immer wieder.

Krebs-Männer bevorzugen Rothaarige

Rasend macht sie alles, was nach Disziplin, Konsequenz, Strenge und Vorschriften riecht. Lieber winden sich die Krebs-Geborenen wie ein Aal überall durch, als daß sie sich an Paragraphen halten. Ihre große Angst davor, sich durch irgendeine Verhaltensweise unbeliebt zu machen, bedeutet auch, daß sie mitunter zu ganz patenten Winkelzügen greifen, um Entscheidungen aus dem Weg zu gehen, jedoch auch, daß sie sich auf beruflichem und privatem Sektor so manche Schwierigkeit einhandeln und daß man ihnen, zum Teil berechtigt, nachsagen muß, sie gehören zu jenen Menschen, die sich nicht festlegen.

Alles in allem hassen die unter dem Zeichen des Krebses geborenen Menschen alles Disharmonische, alle Gewalt, alle Grobheit, alle Derbheit. Da sie nun einmal einen ausgesprochenen Hang zu allem Schönen, Sensiblen und Zarten haben, versteht es sich von selbst, daß sie mit dem Gegenteil nichts anfangen können.

Der Krebs in Stichworten

Seine Zeit: vom 20. Juni bis 22. Juli
Seine Nummer: Vier
Sein Geburtsbeherrscher: der Merkur
Sein Element: das Wasser
Seine Konstitution: mitunter ein pygnischer Körperbau mit wenig Muskelbetonung, weiche Gesichtsform und ein rundes, oft auch volles Gesicht; später werden die Formen oft noch rundlicher. Das Temperament ist leicht melancholisch. Die Gelenke sind oft zart und feinknochig; der Teint ist blaß
Seine Farben: Violett und Himmelblau
Seine Länder: Schottland, Holland, Neuseeland
Seine Städte: Amsterdam, New York, Venedig, Manchester, Düsseldorf
Sein Metall: das Silber
Sein Glücksstein: Rubin
Seine Glückszahlen: 9, 19, 23, 36, 51, 58, 77, 86, 99
Seine Glückskombinationen: 4, 14, 44; 11, 21, 80; 19, 33, 100
Seine Stärken: Geduld, Einfühlungsvermögen, beruflicher Schwung, Familiensinn.
Seine Schwächen: Schüchternheit, Ängstlichkeit, mitunter Drükkebergerei, Unentschlossenheit, Weichheit schlechthin
Seine Glückstage: 10. Januar, 10. Februar, 19. März, 4. April, 25. Mai, 1. Juni, 13. Juli, 10. August, 19. September, 2. Oktober, 2. November, 20. Dezember
Seine Nebenzeichen: die Zwillinge und der Löwe

Die Konstellation der Planeten und ihre Bedeutung

Der Wesenskern, die Handlungsweise und die Gefühlsreaktionen eines jeden Menschen werden weitgehend davon geprägt, wie die Gestirne zu seiner Geburtsstunde standen. Nicht nur die Planeten, sondern auch der Mond beeinflussen entscheidend den Charakter und das Verhalten eines jeden Tierkreis-Vertreters. Wer also die Position des Mondes wie auch die der Planeten anhand der individuellen Geburtsstunde aus den Gestirnstandsauszügen errechnen kann, verfügt über eine genaue Analyse seines wirklichen Wesens.

Auch Sie können tief in sich selbst und Ihr Innenleben hineinsehen, wenn Sie das folgende Kapitel aufmerksam lesen.

Der Mond – das Symbol für die Seele, das Gemüt und die Gefühlswelt

Bei einflußreicher Konstellation bedeutet das für den Krebs: Da sich der Mond hier in seinem eigenen Zeichen befindet, prägt er äußerst sensible und empfindsame Naturen. Schon beim Kind äußert sich das ganz besonders. Unbewußte Einflüsse sowie diverse Launen machen die Persönlichkeit dieses Krebs-Vertreters schwierig, veränderlich und unberechenbar. Aggressionen treten zwar nicht auf, dafür aber die Verkapselung in sich selbst und daher auch ein ausgeprägtes Verlangen nach einem eigenen Heim, nach Häuslichkeit. Letzteres zeigt sich betont in der zweiten Lebenshälfte.

Diese Konstellation bedeutet aber auch, daß fürsorgliche Naturen geprägt werden, die in der Gesellschaft zwar etwas schüchtern sind und zurückhaltend, zu Hause aber durchaus ihren Mann stehen. Ferner sind ausgeprägt eine Liebe zur Beschaulichkeit, Vorsicht und Sparsamkeit.

Der Merkur – das Symbol für Verstand, Sprache und Vermittlung

Bei einflußreicher Konstellation bedeutet das für den Krebs: Das Gedächtnis ist hier fast immer ganz ausgezeichnet. Im Krebs entwickelt der Merkur eine sehr ausgeprägte Phantasie, so daß es nicht überrascht, daß recht viele Schriftsteller im Zeichen Krebs geboren wurden. Die sehr unterschiedlichen Stimmungen und Launen sorgen auch für eine sehr veränderliche geistige Haltung. Der Verstand wird mehr vom Gefühl, mehr von den seelischen Empfindungen als vom Intellekt gesteuert. Daraus resultiert auch das Verlangen nach immer neuen Eindrücken und Begegnungen.

Hieraus ergibt sich auch, daß die unter dieser Konstellation geborenen Menschen unbedingt in einer harmonischen Zweierbeziehung leben müssen. Disharmonie in den eigenen vier Wänden vermögen sie nicht zu tolerieren.

Die Venus – das Symbol für die Liebe und Harmonie sowie für das Schönheitsempfinden

Bei einflußreicher Konstellation bedeutet das für den Krebs: Diese Menschen haben ein sehr empfängliches, empfindliches und leicht zu beeinflussendes Gemüt, das intensiv nach Harmonie verlangt. Die Frauen dieser Konstellation sind, wenn sie einmal den richtigen Partner gefunden haben, sehr anhänglich, treu und fürsorglich. Sie erleben die Liebe jedoch mehr passiv als aktiv. Sie passen sich an, sie ordnen sich unter. Für Stimmungen und Umweltverhältnisse sind sie außerordentlich empfänglich. Kultivierte Häuslichkeit ist ihnen wichtig, ebenso Harmonie in der Familie und Anerkennung im Beruf. Sie haben viel Phantasie und oft auch eine mediale Veranlagung.

Die Männer brauchen einen gesicherten Arbeitsplatz, der ihnen das Gefühl vermittelt, erfolgreich und beliebt zu sein. Zu Hause müssen sie die erste Geige spielen dürfen, wenn sie sich wohlfühlen wollen.

Der Mars – das Symbol für den Willen, die Tatkraft und die Energie

Bei einflußreicher Konstellation bedeutet das für den Krebs: Die Willenskurven dieser Menschen sind außerordentlich schwankend. Sie können heute wild entschlossen sein, eine einmal begonnene Aufgabe auch zu Ende zu führen, um sie dann morgen als unwichtig doch wieder liegenzulassen. Aktiv ist bei ihnen in erster Linie die Phantasie, nicht jedoch so sehr die Tat. Sie haben dafür eine gesteigerte Vorstellungsgabe und einen großen Ideenreichtum. Schöpferische Berufe und Tätigkeiten sind daher für sie außerordentlich angebracht. Gegen Zwang, vor allen Dingen aber gegen geistige Zwänge, lehnen sie sich entschieden auf. Sonst passen sie sich eher an. Sie haben einen beträchtlichen, für den Krebs ungewöhnlich ausgeprägten Ehrgeiz und bringen es beruflich meist sehr weit. Ihre Ansichten und ihre Überzeugungen sind meist recht subjektiv geformt. Sie lassen sich leicht beeinflussen und ändern ihre Meinung häufig.

Im Haus und in ihrer Häuslichkeit kommt es sehr oft zu Unruhen, weil sie sich nicht festlegen wollen. Ihr Temperament ist ebenfalls unberechenbar.

Im beruflichen Alltag kommt es zu überdurchschnittlich vielen Stellungswechseln. Die Energie ist unausgeglichen, so daß sich diese Typen recht häufig verzetteln.

Die unter dieser Konstellation geborenen Menschen brauchen einen festen, sicheren, leitenden Partner, wenn sie auf den grünen Zweig kommen wollen.

Der Jupiter – das Symbol für Gerechtigkeit, Legalität und Ausbreitung

Bei einflußreicher Konstellation bedeutet das für den Krebs: Die Wesensart ist ähnlich wie bei einer Waage: einlenkend, vermittelnd, ausgleichend. Die Empfindungen werden intensiv wahrgenommen und haben oft einen ideellen Einschlag. Das Wesen ist höflich und verständnisbereit, immer kompromißbereit. Man versucht, schnell auf sicherem Weg materielle Unabhängigkeit zu erlangen. Die Lebensplanung wird früh in Angriff genommen. Schon bei den ganz jungen Krebs-Vertretern kann man immer wieder hören, daß sie ganz bestimmte Absichten darüber haben, wohin sie es bis zu einem gewissen Alter gebracht haben möchten.

Die weiblichen Krebse dieser Konstellation haben schon sehr früh den ausgeprägten Wunsch, so schnell wie möglich ein Heim und eine Familie zu gründen. In dieser Aufgabe gehen sie dann ganz auf und geben prächtige Ehefrauen und prächtige Mütter ab.

Der Saturn – das Symbol für die Pflicht, die Arbeit und die Mühen

Bei einflußreicher Konstellation bedeutet das für den Krebs: Ein wenig gespalten sind die Vertreter dieser Konstellation. Sie neigen auf der einen Seite zum seelischen Tiefgang, nehmen alles sehr schwer und sind außerordentlich verletzlich. Auf der anderen Seite sind sie sehr stark. Dann nämlich, wenn es darum geht, sich auf die wirtschaftliche Sicherung zu konzentrieren und für das Alter vorzusorgen. In dieser Beziehung sind sie unschlagbar. Auf irgendwelche Risiken lassen sie sich nicht ein. Sie sind darüber hinaus außerordentlich sparsam und halten an allem, was sie einmal erreicht haben, eisern fest. Als Angestellte sind sie daher überhaupt nicht bezahlbar. Sie sind ein Gewinn für jede Firma und können ganz besonders gut mit Geld umgehen.

Im Schicksal ergeben sich jedoch sehr häufig Verzögerungen. Hier kann es leicht passieren, daß man seine Jugendliebe aus den Augen verliert, um sie dann nach irgendwelchen Schicksalsschlägen nach dreißig, vierzig oder gar fünfzig Jahren wiederzufinden und doch noch zu heiraten.

Die weiblichen Vertreter dieser Konstellation neigen zu einer innerlichen Unzufriedenheit, die nur dann ausgeglichen werden kann, wenn sie sowohl berufliche Erfolge zu verzeichnen haben als auch in einer Partnerschaft leben, die sie hundertprozentig erfüllt. Die beruflichen Ziele liegen allerdings oft höher als die eigene Befähigung. Dieser Mangel an Selbsteinschätzung macht diese Krebs-Frau noch verletzlicher als sonst. Andererseits hat sie gerade unter dieser Konstellation ein ausgeprägtes Verlangen nach Ruhe und Sicherheit. Das erklärt, warum sie oft einen zerrissenen, gehetzten Eindruck macht. Nur mit Liebe kann dieses Naturell wieder ausgeglichen werden.